T0273008

www.ingramcontent.com/pod-product-compliance
Lightning Source LLC
Jackson TN
JSHW052008131224
75386JS00036B/1235

* 9 7 8 0 8 7 4 4 1 4 9 6 7 *

THE NEW SIDDUR PROGRAM FOR HEBREW AND HERITAGE

עִבְרִית חֲדָשָׁה
לְתוֹדָעַת תְּפִלָּה

מַרְגָלִית וְנַחוּם טַרְנוֹר
PEARL AND NORMAN TARNOR

1

BEHRMAN HOUSE

Dedication
In loving memory of
Bertha Glossman Bornstein
זצ"ל
The memory
of the righteous
shall be
for a blessing.

PROJECT EDITOR:
RUBY G. STRAUSS

BOOK DESIGN:
ROBERT J. O'DELL

ILLUSTRATIONS:
JOHN SANDFORD
CLARE SIEFFERT

© COPYRIGHT 1990 BY PEARL AND NORMAN TARNOR

PUBLISHED BY BEHRMAN HOUSE, INC.

ISBN 978-0-87441-496-7

WWW.behrmanhouse.com

PRINTED IN U.S.A.

INTRODUCTION

You are ready to begin a new book. In this book you will learn many Hebrew words. They will help you understand the meaning and appreciate the beauty of some important prayers in our prayer book – the siddur.

The siddur is a collection of prayers. Most of our prayers are recited in Hebrew. Jews throughout the world have always prayed in Hebrew. Our Torah is written in Hebrew. Hebrew is our holy language. It is like a chain that links us to our religious tradition and connects us to Jews everywhere. We hope this book will help you to know and to love our Jewish heritage.

Let us begin our studies in this new book with a blessing.

בָּרוּךְ אַתָּה ה׳ אֱלֹהֵינוּ מֶלֶךְ הָעוֹלָם
שֶׁהֶחֱיָנוּ וְקִיְּמָנוּ וְהִגִּיעָנוּ לַזְּמַן הַזֶּה.

Blessed are You, Lord our God, King of the universe, Who has kept us in life, and preserved us and enabled us to reach this time.

שָׁלוֹם

שָׁלוֹם.
אֲנִי מֹשֶׁה.

שָׁלוֹם.
אֲנִי מֹשֶׁה.

אֲנִי דָוִד.
אֲנִי יֶלֶד.

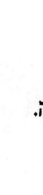

אֲנִי שָׂרָה.
אֲנִי יַלְדָּה.

שָׁלוֹם.
אֲנִי שָׂרָה.

4

אֲנִי דָוִד.
אֲנִי מֶלֶךְ.

אֲנִי שָׂרָה.
אֲנִי יַלְדָּה.
אֲנִי בַּבַּיִת.

אֲנִי מֹשֶׁה.
אֲנִי יֶלֶד.
אֲנִי בַּבַּיִת.

יְרוּשָׁלַיִם

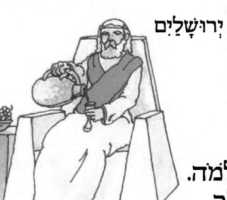

שָׁלוֹם.
אֲנִי שְׁלֹמֹה.
אֲנִי מֶלֶךְ.
אֲנִי בַּבַּיִת.

5

שָׁלוֹם

שָׁלוֹם was one of the very first Hebrew words you learned.
When you greet someone in Hebrew, you say ________________ .

When you say goodbye, you say ________________ .
What does שָׁלוֹם mean? It means more than "hello" and "goodbye."
When we say שָׁלוֹם we are really saying, "May peace be with you, may you live in peace."

Our Rabbis tell us that peace is the greatest of all blessings. Because it is so important, we often pray for peace and ask God to bless us with peace.

(שלמ) are the three root letters of the word שָׁלוֹם.
They mean: complete, perfect, peace. These root letters are found in other Hebrew words: יְרוּשָׁלַיִם, Jerusalem – the city of peace. שְׁלֹמֹה, Solomon – when he was king there was peace in the Land of Israel.

Why do you think we say שַׁבָּת שָׁלוֹם on the Sabbath?

____

____

Why is שָׁלוֹם an important word to know?

____

____

WORDS TO STUDY

אֲנִי	I
בְּ —	in
בַּ —	in the
בַּיִת	house
יֶלֶד	boy
יַלְדָּה	girl
יְרוּשָׁלַיִם	Jerusalem
מֶלֶךְ	king
שָׁלוֹם	hello, goodbye, peace

PRAYER PRACTICE

The names מֹשֶׁה and דָּוִד are often found in our prayers.
Practice reading these prayer sentences from the סִדּוּר.
Then underline the names דָּוִד and מֹשֶׁה.

1 בָּרוּךְ אַתָּה ה׳ מָגֵן דָּוִד.

2 יִשְׂמַח מֹשֶׁה בְּמַתְּנַת חֶלְקוֹ...

3 תּוֹרָה צִוָּה לָנוּ מֹשֶׁה...

4 בַּעֲבוּר דָּוִד עַבְדֶּךָ אַל תָּשֵׁב פְּנֵי מְשִׁיחֶךָ.

5 וְזֹאת הַתּוֹרָה אֲשֶׁר שָׂם מֹשֶׁה...

6 לֹא קָם בְּיִשְׂרָאֵל כְּמֹשֶׁה עוֹד...

7 וַיְבָרֶךְ דָּוִד אֶת ה׳ לְעֵינֵי כָּל הַקָּהָל.

8 דָּוִד בֶּן־יִשַׁי עַבְדְּךָ מְשִׁיחֶךָ.

9 וַיְהִי בִּנְסֹעַ הָאָרֹן וַיֹּאמֶר מֹשֶׁה...

10 לַמְנַצֵּחַ, מִזְמוֹר לְדָוִד.

The word מָגֵן means shield or protector.
Why do you think the Jewish star is called מָגֵן דָּוִד?

WORD MATCH

Circle the word that describes the picture.

יֶלֶד
יַלְדָה

שָׂרָה
שְׁלֹמֹה

שָׁלוֹם
מֹשֶׁה

שָׁלוֹם
בַּיִת

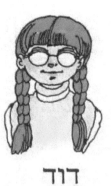

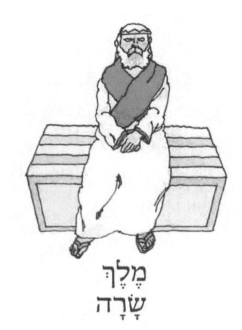

מֶלֶךְ
שָׂרָה

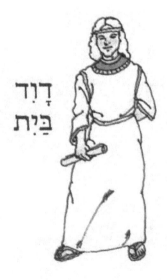

דָוִד
יַלְדָה

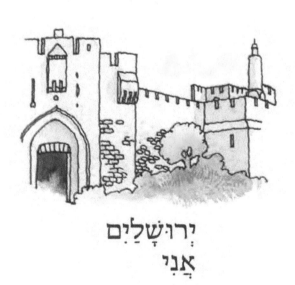

יְרוּשָׁלַיִם
אֲנִי

דָוִד
בַּיִת

BE A SIDDUR TRANSLATOR

Check the Hebrew sentence that says the same thing as the English.

1
I am in the house.
- ◯ אֲנִי בַּבַּיִת.
- ◯ אֲנִי שָׂרָה.

2
I am a king.
- ◯ אֲנִי מֹשֶׁה.
- ◯ אֲנִי מֶלֶךְ.

3
I am Moses.
- ◯ אֲנִי מֹשֶׁה.
- ◯ אֲנִי בַּבַּיִת.

4
Hello, Sarah.
- ◯ שָׁלוֹם שָׂרָה.
- ◯ יְרוּשָׁלַיִם

5
I am Solomon
- ◯ שָׁלוֹם דָוִד.
- ◯ אֲנִי שְׁלֹמֹה.

READING

שָׁלוֹם עֲלֵיכֶם

The word שָׁלוֹם is found in many prayers.
On Friday evening we sing שָׁלוֹם עֲלֵיכֶם.
Practice reading the words of the song. Find the word שָׁלוֹם and underline it.

How many times did you find the word שָׁלוֹם?______
Challenge: Can you find the word מֶלֶךְ?

1 <u>שָׁלוֹם</u> עֲלֵיכֶם, מַלְאֲכֵי הַשָּׁרֵת, מַלְאֲכֵי עֶלְיוֹן,

2 מִמֶּלֶךְ מַלְכֵי הַמְּלָכִים, הַקָּדוֹשׁ בָּרוּךְ הוּא.

3 בּוֹאֲכֶם לְשָׁלוֹם, מַלְאֲכֵי הַשָּׁלוֹם, מַלְאֲכֵי עֶלְיוֹן,

4 מִמֶּלֶךְ מַלְכֵי הַמְּלָכִים, הַקָּדוֹשׁ בָּרוּךְ הוּא.

5 בָּרְכוּנִי לְשָׁלוֹם, מַלְאֲכֵי הַשָּׁלוֹם, מַלְאֲכֵי עֶלְיוֹן,

6 מִמֶּלֶךְ מַלְכֵי הַמְּלָכִים, הַקָּדוֹשׁ בָּרוּךְ הוּא.

7 צֵאתְכֶם לְשָׁלוֹם, מַלְאֲכֵי הַשָּׁלוֹם, מַלְאֲכֵי עֶלְיוֹן,

8 מִמֶּלֶךְ מַלְכֵי הַמְּלָכִים, הַקָּדוֹשׁ בָּרוּךְ הוּא.

What is the name of the seventh day in the Jewish week? ______________________________

מִי בַּבַּיִת?

אִמָּא בַּבַּיִת?
כֵּן, אִמָּא בַּבַּיִת.

אַבָּא בַּבַּיִת?
לֹא.
אַבָּא בְּבֵית-הַכְּנֶסֶת.

מִי בַּבַּיִת?
יֶלֶד בַּבַּיִת?
כֵּן, יֶלֶד בַּבַּיִת.

מִי בַּבַּיִת?
יַלְדָּה בַּבַּיִת?
לֹא.
יַלְדָּה בְּבֵית-הַכְּנֶסֶת.

סִדּוּר בְּבֵית-הַכְּנֶסֶת?
ז, סִדּוּר בְּבֵית-הַכְּנֶסֶת.

1 siddur
2 in the house
4 Jerusalem
5 peace

MIXED-UP SIDDUR WORDS

Unscramble the Hebrew words. Write each word correctly. Match them with the English words at the bottom of the page by writing the number of the English word next to the Hebrew.

6 — א. ה ָר תּ וֹ

___ — ב. ר סִ ד וּ

___ — ג. בַּ ת יִ בַּ

___ — ד. ל וֹ ם שָׁ

___ — ה. לֶ מֶ ךְ

___ — ו. יִ ם לַ יְ ר וּ שָׁ

3
king
6
Torah

WORDS TO STUDY

אַבָּא (אָב)	father
אִמָּא (אֵם)	mother
בֵּית-הַכְּנֶסֶת	the synagogue
יִשְׂרָאֵל	Israel
כֵּן	yes
לֹא	no
מִי?	who
סִדּוּר	siddur
תּוֹרָה	Torah

שֶׁהֶחֱיָנוּ

When we began this book we recited the שֶׁהֶחֱיָנוּ blessing.

בָּרוּךְ אַתָּה ה׳ אֱלֹהֵינוּ מֶלֶךְ הָעוֹלָם שֶׁהֶחֱיָנוּ וְקִיְּמָנוּ וְהִגִּיעָנוּ לַזְּמַן הַזֶּה.

When we say שֶׁהֶחֱיָנוּ we express our thanks for special times.

Write the word כֵּן next to each of the events when שֶׁהֶחֱיָנוּ should be recited.

1. [ ] You visit Israel for the first time.

2. [ ] You will eat a fruit for the first time in season.

3. [ ] You wear new clothes for the first time.

4. [ ] You attend a Bar or a Bat Mitzvah.

5. [ ] You sit in a סֻכָּה for the first time.

Name two other times when you would say שֶׁהֶחֱיָנוּ.

_____

_____

SENTENCE MATCH

Check the Hebrew sentence that says the same thing as the English.

1

מִי בַּבַּיִת?

Who is in the house?

אִמָּא בַּבַּיִת.

2

יַלְדָּה בַּסִדּוּר.

Moses is in the Torah.

מֹשֶׁה בַּתּוֹרָה.

3

שָׁלוֹם, אִמָּא.

Hello, Father

שָׁלוֹם, אַבָּא.

4

אֲנִי יַלְדָּה.

I am in the synagogue.

אֲנִי בְּבֵית-הַכְּנֶסֶת.

5

מִי מֶלֶךְ?

Who is a king?

מִי יֶלֶד?

The words שָׁלוֹם and מֶלֶךְ are found in many prayers.
Practice reading these סִדּוּר passages.
Underline the words שָׁלוֹם and מֶלֶךְ.

1. עוֹשֶׂה שָׁלוֹם בִּמְרוֹמָיו הוּא יַעֲשֶׂה שָׁלוֹם...

2. שִׂים שָׁלוֹם טוֹבָה וּבְרָכָה...

3. בָּרוּךְ אַתָּה ה׳ אֱלֹהֵינוּ מֶלֶךְ הָעוֹלָם.

4. בְּסֵפֶר חַיִּים בְּרָכָה וְשָׁלוֹם.

5. ה׳ מֶלֶךְ, ה׳ מָלָךְ, ה׳ יִמְלֹךְ לְעֹלָם וָעֶד.

PRAYER
PRACTIC

PICTURE MATCH

Check the sentence that describes the picture.

☐ שָׁלוֹם דָּוִד.
☐ אֲנִי אַבָּא.
☐ אִמָּא בְּבֵית-הַכְּנֶסֶת.

☐ מֶלֶךְ בַּבַּיִת.
☑ יֶלֶד בַּבַּיִת.
☐ שָׂרָה בַּבַּיִת.

☐ מֹשֶׁה בַּתּוֹ
☐ מִי אִמָּ
☐ מֶלֶךְ

שִׂים שָׁלוֹם

This prayer is called בִּרְכַּת שָׁלוֹם.
When we recite this prayer we ask God to give us the blessings of peace, goodness and mercy.
Practice reading the בְּרָכָה.
How many times did you find the word שָׁלוֹם? _____

1. שִׂים שָׁלוֹם, טוֹבָה וּבְרָכָה, חֵן וָחֶסֶד וְרַחֲמִים

2. עָלֵינוּ וְעַל כָּל יִשְׂרָאֵל עַמֶּךָ.

3. בָּרְכֵנוּ אָבִינוּ כֻּלָּנוּ כְּאֶחָד בְּאוֹר פָּנֶיךָ,

4. כִּי בְאוֹר פָּנֶיךָ נָתַתָּ לָּנוּ, ה' אֱלֹהֵינוּ,

5. תּוֹרַת חַיִּים וְאַהֲבַת חֶסֶד, וּצְדָקָה וּבְרָכָה

6. וְרַחֲמִים וְחַיִּים וְשָׁלוֹם.

7. וְטוֹב בְּעֵינֶיךָ לְבָרֵךְ אֶת עַמְּךָ יִשְׂרָאֵל

8. בְּכָל עֵת וּבְכָל שָׁעָה בִּשְׁלוֹמֶךָ.

שָׁלוֹם סַבְתָּא

מֹשֶׁה: הֶלוֹ.

סַבְתָּא: שָׁלוֹם, אֲנִי סַבְתָּא.

מֹשֶׁה: שָׁלוֹם סַבְתָּא.

סַבְתָּא: אִמָּא בַּבַּיִת?

מֹשֶׁה: לֹא.

סַבְתָּא: אַבָּא בַּבַּיִת?

מֹשֶׁה: לֹא.

סַבְתָּא: הִלֵּל בַּבַּיִת?

מֹשֶׁה: הִלֵּל לֹא פֹּה. מִי אַתְּ?

סַבְתָּא: אֲנִי סַבְתָּא. מִי אַתָּה?

מֹשֶׁה: אֲנִי מֹשֶׁה.

סַבְתָּא: מֹשֶׁה? מִי מֹשֶׁה?
אֲנִי סַבְתָּא שֶׁל הִלֵּל.
אֲנִי לֹא סַבְתָּא שֶׁל מֹשֶׁה.

WORDS TO STUDY

אַתְּ	you (f)
אַתָּה	you (m)
סַבָּא	grandfather
סַבְתָּא	grandmother
פֹּה	here
שֶׁל	(of) belonging to

Circle the Hebrew word that means the same as the English.

WORD MATCH

---

1 I (am)

אֲנִי דָוִד. מִי אַתָּה?

---

2 here

סַבְתָּא לֹא פֹּה.

---

3 grandmother

סַבְתָּא לֹא בַּבַּיִת.

---

4 you (f)

אַתְּ אִמָּא שֶׁל דָּנָה.

---

5 who (is)

מִי בַּבַּיִת?

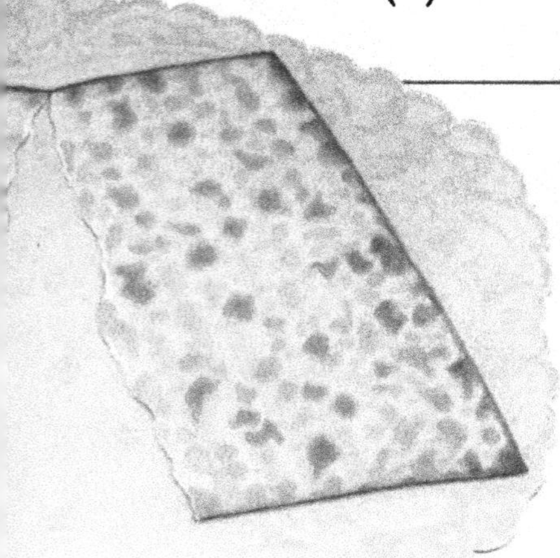

---

6 (is) not

שָׂרָה לֹא פֹּה.

7 yes

כֵּן, אֲנִי מֹשֶׁה.

8 grandfather

שָׁלוֹם, סַבָּא.

9 (of) belonging to

אֲנִי סַבְתָּא שֶׁל הִלֵּל.

10 you (m)

מִי מֹשֶׁה? אַתָּה מֹשֶׁה.

11 in the house

אִמָּא לֹא בַּבַּיִת.

12 king

מִי מֶלֶךְ?

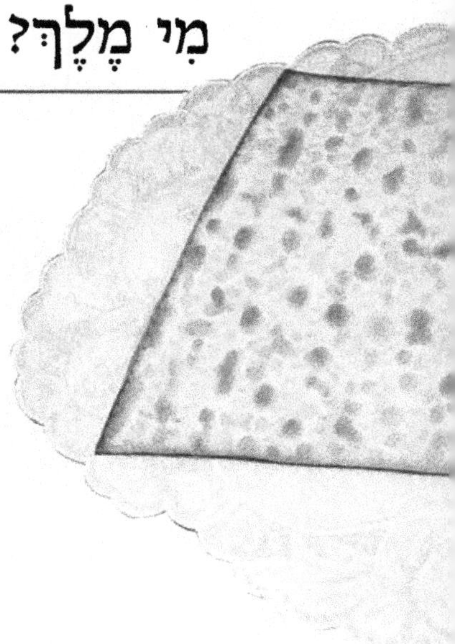

THE SIDDUR

הַסִּדּוּר

The סִדּוּר is one of our most important Jewish books. It contains prayers and blessings that Jews have recited for hundreds, even thousands of years.

The Hebrew word סִדּוּר means order. Most סִדּוּרִים (prayerbooks) contain the same prayers arranged in a definite order. The סִדּוּר contains prayers we say in the synagogue and prayers we recite at home. When we use the words of the סִדּוּר we are all able to pray together.

The prayers in the סִדּוּר were written during different periods of Jewish history. Our oldest prayers come from the Bible. Others were taken from the Mishnah and the Talmud. Sometimes prayers were written to remind us of the history of our people in different countries over many centuries. When we use the words of the סִדּוּר our voices join with those who came before us.

Today, as in the past, we treasure the סִדּוּר as an old and dear friend.

SENTENCE MATCH

Check the Hebrew sentence that says the same thing as the English.

1

אֲנִי בַּבַּיִת.

I am here.

אֲנִי פֹּה.

2

אַתְּ אִמָּא.

Mother is not here.

אִמָּא לֹא פֹּה.

3

מִי בַּבַּיִת?

Who is in the synagogue?

מִי בְּבֵית-הַכְּנֶסֶת?

4

אַתָּה יֶלֶד.

You are a boy.

אַתְּ יַלְדָּה.

5

לֹא, אֲנִי סַבָּא.

Yes, I am Moshe.

כֵּן, אֲנִי מֹשֶׁה.

6

סַבְתָּא שֶׁל הִלֵּל.

Hillel's grandmother.

בַּיִת שֶׁל סַבְתָּא.

The three words אֲנִי, אַתָּה, בַּיִת are found in many prayers and blessings.

When we speak to God we use the word אַתָּה. It appears in every blessing: בָּרוּךְ אַתָּה ה׳ (Blessed are *You*, God).

The word בַּיִת is also found in many siddur passages. Like many other words, it can have a small word part attached to it. We must look for the three root letters in the word בַּיִת (בית). In the phrase מִבֵּית עֲבָדִים the word part מִ is attached to בֵּית. It means "from." מִבֵּית means "from the house of."

Practice reading the siddur phrases. Then find and circle the three key words (אֲנִי, אַתָּה, בַּיִת).

PRAYER PRACTICE

1 מוֹדֶה אֲנִי לְפָנֶיךָ.

2 בָּרוּךְ אַתָּה ה׳.

3 עַל הַבַּיִת הַגָּדוֹל וְהַקָּדוֹשׁ.

4 אַתָּה הוּא מַלְכֵּנוּ.

5 בְּשִׁבְתְּךָ בְּבֵיתֶךָ.

6 וַאֲנִי בְּרֹב חַסְדְּךָ אָבֹא בֵיתֶךָ.

7 כִּי אֵל פּוֹעֵל יְשׁוּעוֹת אָתָּה.

8 אַתָּה גִּבּוֹר לְעוֹלָם ה׳.

9 ה׳ אָהַבְתִּי מְעוֹן בֵּיתֶךָ.

10 אַתָּה הוּא אֱלֹהֵינוּ, אַתָּה הוּא אֲדוֹנֵינוּ.

COMPLETE THE SENTENCE

Complete each sentence with the correct word.

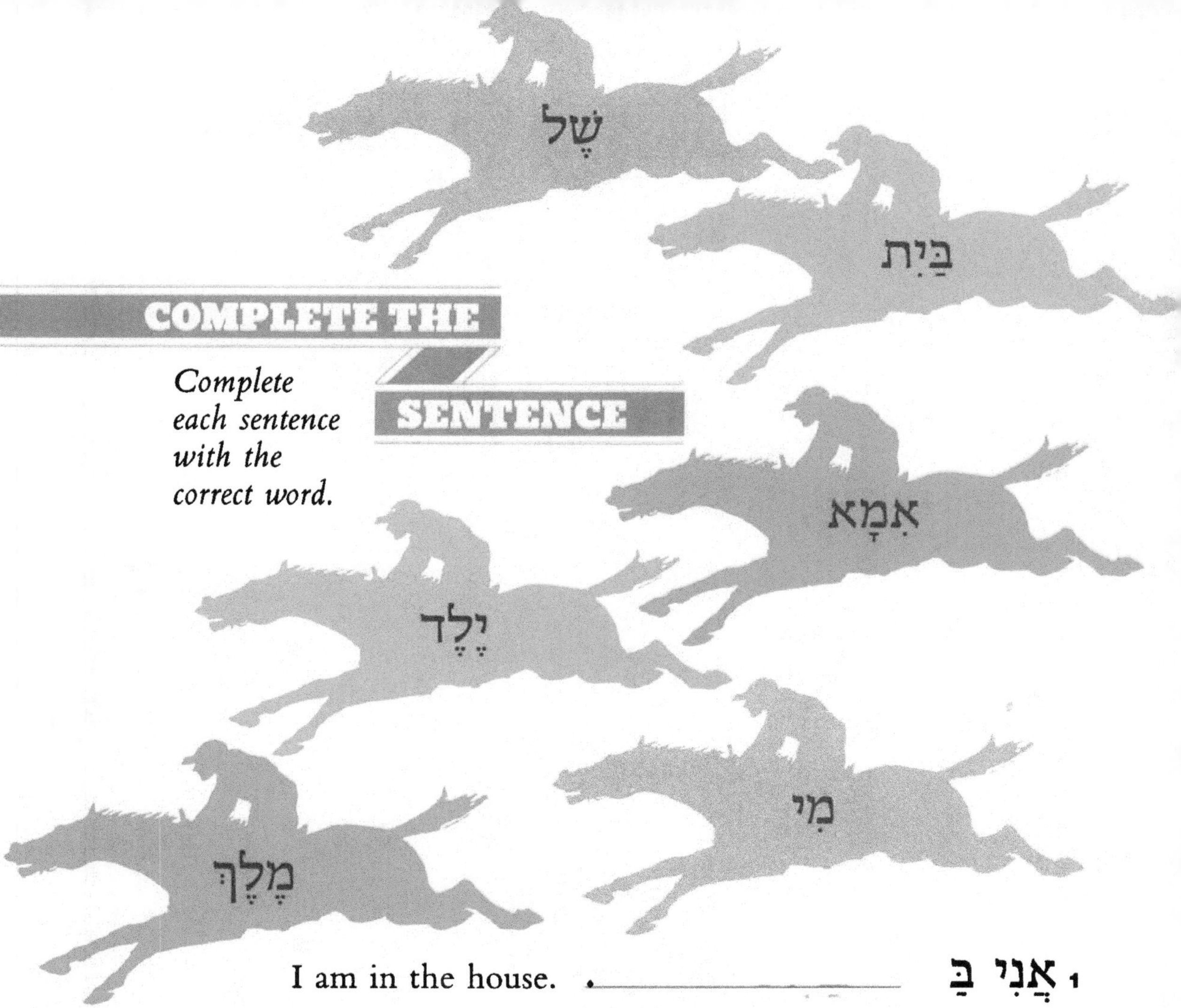

שֶׁל
בַּיִת
אִמָּא
יֶלֶד
מִי
מֶלֶךְ

1 אֲנִי בַּ ______ . I am in the house.

2 אַתָּה ______ . You are a boy.

3 אַתְּ ______ . You are mother.

4 סַבְתָּא ______ הִלֵּל בַּבַּיִת. Hillel's grandmother is in the house.

5 ______ אֲנִי? Who am I?

6 דָּוִד ______ . David is a king.

SIDDUR CONNECTIONS

Connect the Hebrew word to the English that means the same thing.

you (m)	מֶלֶךְ
house	אַבָּא
father	אַתָּה
king	בַּיִת

here	כֵּן
yes	שָׁלוֹם
Sarah	פֹּה
peace	שָׂרָה

I	לֹא
no	מִי
belonging to	אֲנִי
who	שֶׁל

Jerusalem	תּוֹרָה
siddur	מֹשֶׁה
Torah	יְרוּשָׁלַיִם
Moses	סִדּוּר

FLUENT SIDDUR READING

אֵין כֵּאלֹהֵינוּ

On Shabbat we sing אֵין כֵּאלֹהֵינוּ.
Practice reading the prayer. Find the word אַתָּה and underline it.
How many times did you find the word אַתָּה? ______

1 אֵין כֵּאלֹהֵינוּ, אֵין כַּאדוֹנֵינוּ,
2 אֵין כְּמַלְכֵּנוּ, אֵין כְּמוֹשִׁיעֵנוּ.
3 מִי כֵאלֹהֵינוּ, מִי כַאדוֹנֵינוּ,
4 מִי כְמַלְכֵּנוּ, מִי כְמוֹשִׁיעֵנוּ.
5 נוֹדֶה לֵאלֹהֵינוּ, נוֹדֶה לַאדוֹנֵינוּ,
6 נוֹדֶה לְמַלְכֵּנוּ, נוֹדֶה לְמוֹשִׁיעֵנוּ.
7 בָּרוּךְ אֱלֹהֵינוּ, בָּרוּךְ אֲדוֹנֵינוּ,
8 בָּרוּךְ מַלְכֵּנוּ, בָּרוּךְ מוֹשִׁיעֵנוּ.
9 אַתָּה הוּא אֱלֹהֵינוּ, אַתָּה הוּא אֲדוֹנֵינוּ,
10 אַתָּה הוּא מַלְכֵּנוּ, אַתָּה הוּא מוֹשִׁיעֵנוּ.

בְּרָכָה עַל לֶחֶם

לֶחֶם עַל שֻׁלְחָן.
יַעֲקֹב יֶלֶד.
יַעֲקֹב אוֹמֵר בְּרָכָה:
בָּרוּךְ אַתָּה ה׳ אֱלֹהֵינוּ מֶלֶךְ הָעוֹלָם
הַמּוֹצִיא לֶחֶם מִן הָאָרֶץ.
יַעֲקֹב אוֹכֵל לֶחֶם.

לֵאָה יַלְדָּה.
לֵאָה אוֹמֶרֶת בְּרָכָה:
בָּרוּךְ אַתָּה ה׳ אֱלֹהֵינוּ מֶלֶךְ הָעוֹלָם
הַמּוֹצִיא לֶחֶם מִן הָאָרֶץ.
לֵאָה אוֹכֶלֶת לֶחֶם.

דָּנִי לֹא אוֹמֵר בְּרָכָה.

לָמָּה?

WORDS TO STUDY

אוֹכֵל, אוֹכֶלֶת (אכל)
eats, is eating

אוֹמֵר, אוֹמֶרֶת (אמר)
says, is saying

בְּרָכָה
blessing

לֶחֶם
bread

לָמָּה?
why?

עַל
on

שֻׁלְחָן
table

SENTENCE MATCH

Check the Hebrew sentence that says the same thing as the English.

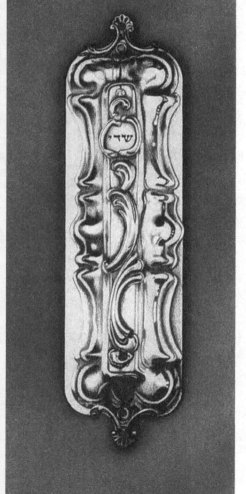

1
אַתָּה בַּבַּיִת.
I am in the house.
אֲנִי בַּבַּיִת.

2
לֵאָה אוֹכֶלֶת לֶחֶם.
Bread is on a table
לֶחֶם עַל שֻׁלְחָן.

3
אֲנִי אוֹמֵר בְּרָכָה.
Father says a blessing.
אַבָּא אוֹמֵר בְּרָכָה.

4
אִמָּא שֶׁל לֵאָה בַּבַּיִת.
Leah's mother is in the house.
לֵאָה בַּבַּיִת.

5
אַתָּה אוֹכֵל לֶחֶם.
You are eating bread.
מִי אוֹכֵל לֶחֶם?

6
לֵאָה לֹא אוֹכֶלֶת.
Why is Leah eating?
לָמָּה לֵאָה אוֹכֶלֶת?

THE HEBREW

ROOT (שֹׁרֶשׁ)

The Hebrew verb is built on a system of roots.
The שֹׁרֶשׁ (root) usually consists of three letters:
אמר (say), אכל (eat).
Root letters have no vowels.

Verbs that are related to the שֹׁרֶשׁ are formed by
adding letters and vowels to the three root letters:
אוֹכֵל, אוֹמֵר.

Other words with similar meanings can be formed
from a שֹׁרֶשׁ.
You can always recognize the שֹׁרֶשׁ because its letters
will be in parentheses. For example: (אמר). Now, can
you write the three root letters of אוֹמֵר? _____

When you know the meaning of the שֹׁרֶשׁ you can
find out the meaning of other words related to that
שֹׁרֶשׁ.
Why? _____

_____

CHOOSE A WORD

Circle the correct word to make each Hebrew sentence mean the same as the English one.

---

1 ______ יֶלֶד.
You are a boy.
א. אֲנִי ב. אַתָּה ג. אַבָּא

---

2 דָוִד ______ לֶחֶם.
David is eating bread.
א. אוֹמֵר ב. שֻׁלְחָן ג. אוֹכֵל

---

3 מִי אוֹמֵר ______?
Who is saying a blessing?
א. בַּיִת ב. בְּרָכָה ג. שָׁלוֹם

---

4 סַבָּא ______ בְּבֵית-הַכְּנֶסֶת.
Grandfather is not in the synagogue.
א. לֹא ב. עַל ג. כֵּן

---

5 ______ סַבְתָּא שֶׁל לֵאָה.
You are Leah's grandmother.
א. אֲנִי ב. אִמָּא ג. אַתְּ

---

6 אִמָּא ______ בְּרָכָה.
Mother says a blessing.
א. אוֹכֶלֶת ב. אוֹמֶרֶת ג. שָׁלוֹם

---

7 לֶחֶם עַל ______.
Bread is on a table.
א. בַּיִת ב. שֻׁלְחָן ג. שָׁלוֹם

---

8 ______ בַּבַּיִת?
Who is in the house?
א. לָמָה ב. אִמָּא ג. מִי

---

9 אַבָּא ______ שָׁלוֹם.
Father says hello.
א. בַּבַּיִת ב. אוֹמֵר ג. אוֹכֵל

PRAYER PRACTICE

In each סִדּוּר phrase on this page you will find words related to the שֹׁרֶשׁ (אמר). Practice reading these phrases.

Underline the words related to the שֹׁרֶשׁ (אמר).

1 בָּרוּךְ אוֹמֵר וְעוֹשֶׂה.

2 בָּרוּךְ שֶׁאָמַר וְהָיָה הָעוֹלָם.

3 כֻּלָּם כְּאֶחָד עוֹנִים וְאוֹמְרִים.

4 וַיֹּאמֶר ה׳ אֶל מֹשֶׁה לֵּאמֹר.

5 וְאָמְרוּ כֻלָּם: מִי כָמֹכָה בָּאֵלִים ה׳.

6 וְהַכֹּל יֹאמְרוּ: אֵין קָדוֹשׁ כַּה׳.

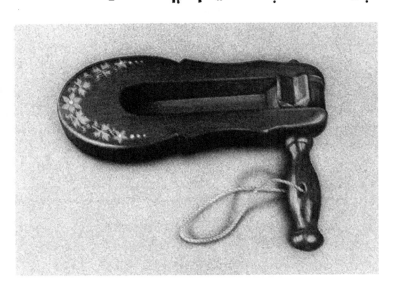

MIXED-UP SIDDUR WORDS

Unscramble the Hebrew words. Write each word correctly. Match them with the English words at the bottom of the page by writing the number of the English word next to the Hebrew.

א. ם שָׁ ל וֹ ______

ב. חָ שֶׁ ן לְ ______

ג. ר מֵ וֹ א ______

ד. ה אַ תָּ ______

ה. כֵּ א וֹ ל ______

ו. מָ לָ ה ______

ז. רָ ה בְּ כָ ______

ח. לֶ ם חֶ ______

---

1 bread
2 eats
3 why
4 table
5 a blessing
6 you
7 peace
8 says

FLUENT SIDDUR READING

בָּרוּךְ שֶׁאָמַר

In the morning service (שַׁחֲרִית), we recite a prayer called בָּרוּךְ שֶׁאָמַר. In this prayer we praise God, the Creator of our world.

Practice reading the prayer.
Underline the words related to the שֹׁרֶשׁ (אמר).

1 בָּרוּךְ שֶׁאָמַר וְהָיָה הָעוֹלָם.
2 בָּרוּךְ הוּא.
3 בָּרוּךְ עוֹשֶׂה בְרֵאשִׁית.
4 בָּרוּךְ אוֹמֵר וְעוֹשֶׂה.
5 בָּרוּךְ גּוֹזֵר וּמְקַיֵּם.
6 בָּרוּךְ מְרַחֵם עַל הָאָרֶץ.
7 בָּרוּךְ מְרַחֵם עַל הַבְּרִיּוֹת.
8 בָּרוּךְ מְשַׁלֵּם שָׂכָר טוֹב לִירֵאָיו.
9 בָּרוּךְ חַי לָעַד וְקַיָּם לָנֶצַח.
10 בָּרוּךְ פּוֹדֶה וּמַצִּיל.
11 בָּרוּךְ שְׁמוֹ.

BE A TRANSLATOR

Connect the Hebrew word to the English that means the same thing.

who	לָמָה
on	מִי
eats	עַל
why	אוֹכֵל

bread	פֹּה
here	בְּרָכָה
says	אוֹמֵר
blessing	לֶחֶם

siddur	תּוֹרָה
I	מֹשֶׁה
Moses	סִדּוּר
Torah	אֲנִי

table	שֻׁלְחָן
you	מֶלֶךְ
king	שָׁלוֹם
peace	אַתָּה

Check the Hebrew word that means the same as the English.

1 you	אַבָּא ___	אַתָּה ✓ ___	תּוֹרָה ___
2 bread	לֶחֶם ___	לֹא ___	יֶלֶד ___
3 on	שֶׁל ___	אֲנִי ___	עַל ___
4 eats	אוֹכֵל ___	סַבָּא ___	אִמָּא ___
5 why	מִבֵּית ___	לָמָּה ___	מֶלֶךְ ___
6 table	יְרוּשָׁלַיִם ___	שֻׁלְחָן ___	שָׁלוֹם ___
7 says	סִדּוּר ___	סַבְתָּא ___	אוֹמֵר ___
8 here	אַתְּ ___	פֹּה ___	כֵּן ___
9 blessing	בְּרָכָה ___	יַלְדָּה ___	בַּיִת ___
10 who?	אוֹכֶלֶת ___	מִי ___	מֹשֶׁה ___

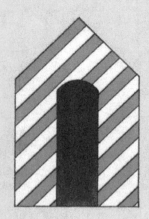

Checkpoint

LESSONS 1-4

Circle the English word that means the same as the underlined Hebrew word.

1	שָׁלוֹם אַבָּא.	here you hello where
2	שֻׁלְחָן בַּבַּיִת.	hello bread grandmother table
3	אַתָּה מֹשֶׁה.	I who here you
4	מִי בַּבַּיִת?	why who I where
5	אַבָּא אוֹמֵר שָׁלוֹם.	eats mother says Moses
6	לֶחֶם עַל שֻׁלְחָן.	on of yes in
7	אֲנִי לֹא אוֹכֵל.	you who I no
8	אַתְּ אוֹכֶלֶת לֶחֶם.	says why here bread
9	דָּוִד אוֹמֵר: לֹא.	on no of yes
10	יֶלֶד אוֹכֵל פֹּה.	bread eats table says
11	אִמָּא אוֹמֶרֶת בְּרָכָה.	blessing hello table house
12	דָּוִד מֶלֶךְ.	girl father boy king

בַּסֻּכָּה

בַּסֻּכָּה.
הַשֻּׁלְחָן בַּסֻּכָּה.
הַפֵּרוֹת עַל הַשֻּׁלְחָן.

אִמָּא נוֹתֶנֶת פְּרִי לְאַבָּא.
אַבָּא אוֹמֵר:
תּוֹדָה, אִמָּא.
אַבָּא אוֹמֵר בְּרָכָה:
בָּרוּךְ אַתָּה ה׳
אֱלֹהֵינוּ מֶלֶךְ הָעוֹלָם
בּוֹרֵא פְּרִי הָעֵץ.
אַבָּא אוֹכֵל פְּרִי.

אַבָּא נוֹתֵן פֵּרוֹת לַיְלָדִים.
הַיְלָדִים אוֹמְרִים:
תּוֹדָה, אַבָּא.

הַיְלָדִים אוֹמְרִים בְּרָכָה:
בָּרוּךְ אַתָּה ה׳
אֱלֹהֵינוּ מֶלֶךְ הָעוֹלָם
בּוֹרֵא פְּרִי הָעֵץ.
הַיְלָדִים אוֹכְלִים פֵּרוֹת.

אַבָּא לֹא נוֹתֵן פְּרִי לְהַב-הַב.
אִמָּא לֹא נוֹתֶנֶת פְּרִי לְהַב-הַב.
הַב-הַב לֹא אוֹמֵר בְּרָכָה.
הַב-הַב לֹא אוֹכֵל פְּרִי.

לָמָּה?

WORDS TO STUDY

הַ ___
the

יְלָדִים
children

לְ ___, לַ ___
to, to the

נוֹתֵן, נוֹתֶנֶת (נתנ)
gives, is giving

סֻכָּה
sukkah, hut

פְּרִי, פֵּרוֹת
fruit, fruits

תּוֹדָה
thanks

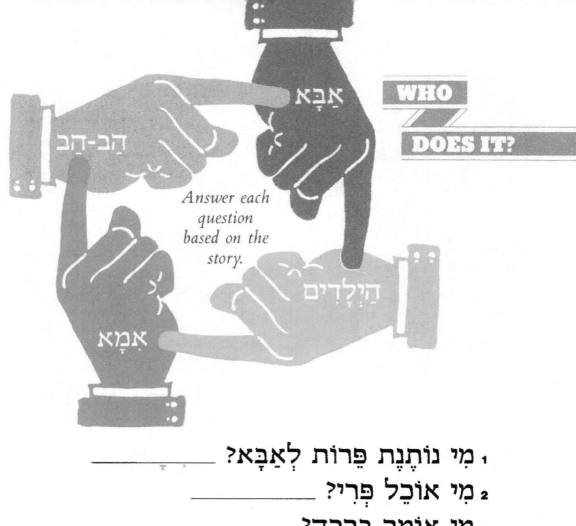

אַבָּא
הַב-הַב
הַיְלָדִים
אִמָּא

WHO DOES IT?

Answer each question based on the story.

1 מִי נוֹתֶנֶת פֵּרוֹת לְאַבָּא? ______________

2 מִי אוֹכֵל פְּרִי? ______________

3 מִי אוֹמֵר בְּרָכָה? ______________

4 מִי נוֹתֵן פֵּרוֹת לַיְלָדִים? ______________

5 מִי אוֹכְלִים פֵּרוֹת? ______________

6 מִי אוֹמְרִים בְּרָכָה? ______________

7 מִי לֹא אוֹמֵר בְּרָכָה? ______________

8 מִי לֹא אוֹכֵל פְּרִי? ______________

הַמּוֹצִיא

Turn back to page 30 and read the story again. In the story the children recite a בְּרָכָה before they eat. The name of the blessing is הַמּוֹצִיא.

בָּרוּךְ אַתָּה ה׳ אֱלֹהֵינוּ מֶלֶךְ הָעוֹלָם
הַמּוֹצִיא לֶחֶם מִן הָאָרֶץ.

Blessed are You, Lord our God, King of the universe, who brings forth bread from the earth.

Saying a בְּרָכָה before eating is the Jewish way to praise God and to thank God for the benefits and enjoyment we get from our food.

Write the Hebrew word for blessing: ___

HEBREW ROOT

שֹׁרֶשׁ

Most Hebrew verbs are based on a set of three letters. These three letters are the שֹׁרֶשׁ (root) of the verb.

Write the Hebrew word for root: ______________

Vowels and additional letters are added to the 3 root letters to make different forms of the verb.

This chart shows the pattern of vowels and the additional letters that are added to the שֹׁרֶשׁ (אמר) to form the present tense.

English	(אמר)	Pattern
says	דָּוִד <u>אוֹמֵר</u>	□וֹ□ֵ□
says	לֵאָה <u>אוֹמֶרֶת</u>	□וֹ□ֶ□ֶת
say	הַיְלָדִים <u>אוֹמְרִים</u>	□וֹ□ְ□ִים

PRAYER PUZZLE

Find the word that completes each sentence. Write it on the line.

אַתָּה
אִמָּא
אוֹמֵר
בַּיִת
נוֹתֶנֶת
אוֹכֵל
תּוֹדָה

David says: Hello, father.	דָּוִד אוֹמֵר : שָׁלוֹם אַבָּא.	1
Father eats bread.	אַבָּא ______ לֶחֶם.	2
The children say: thank you.	הַיְלָדִים אוֹמְרִים: ______ .	3
You eat fruit.	______ אוֹכֵל פְּרִי.	4
Mother says a blessing.	______ אוֹמֶרֶת בְּרָכָה.	5
Grandmother gives fruit to the children..	סַבְתָּא ______ פֵּרוֹת לַיְלָדִים	6
Who is in the house?	מִי בַּ ______?	7

Copy the words you have written into the corresponding numbered spaces in the puzzle. You will see, in the heavily outlined squares, the name of a morning prayer.

1

Write the name of the prayer: ______ ______

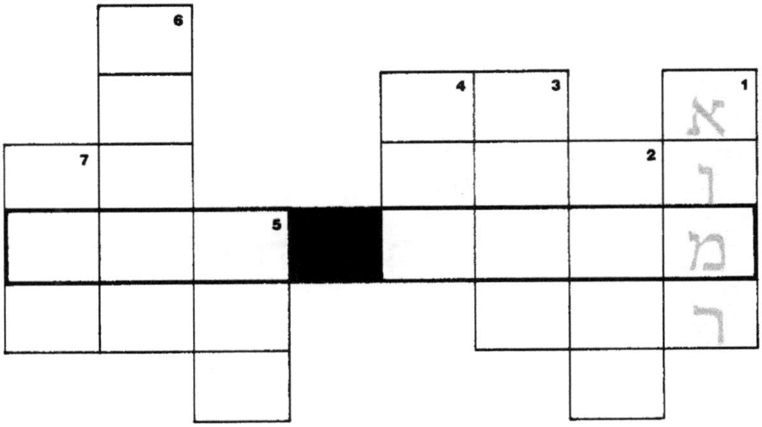

Every בְּרָכָה begins with the word בָּרוּךְ.
Look at these two words carefully:

בָּרוּךְ (blessed)   בְּרָכָה (blessing)

These two words belong to the same word family.
How are they related? ______________________________

Write the three root letters, the שֹׁרֶשׁ, of the words:

___ ___ ___

Remember: the root letters (ברכ) will sometimes look like (ברך).

Read these siddur phrases. Underline the words that belong to the (ברכ) word family.

Note: related words are formed by adding letters and vowels before or after the three letters of the שֹׁרֶשׁ.

1 בָּרוּךְ אַתָּה ה׳, מְקַדֵּשׁ הַשַּׁבָּת.

2 בָּרְכוּ אֶת ה׳ הַמְבֹרָךְ.

3 מוֹדִים אֲנַחְנוּ לָךְ וּמְבָרְכִים אוֹתָךְ.

4 בָּרְכֵנוּ אָבִינוּ כֻּלָּנוּ.

5 וַיְבָרֶךְ אֱלֹהִים אֶת יוֹם הַשְּׁבִיעִי.

6 יְבָרֶכְךָ ה׳ וְיִשְׁמְרֶךָ.

בָּרְכוּ is a call to public worship. The leader of the service bows and chants:

בָּרְכוּ אֶת יְיָ הַמְבֹרָךְ.

The congregation responds:

בָּרוּךְ יְיָ הַמְבֹרָךְ לְעוֹלָם וָעֶד.

AN IMPORTANT DIFFERENCE

The two Hebrew words in each line are almost alike, but there is an important difference between them. Can you find it? Check the Hebrew word that means exactly the same as the English.

1 the boy	הַיֶלֶד	יֶלֶד
2 the fruit	הַפְּרִי	פְּרִי
3 a table	שֻׁלְחָן	הַשֻׁלְחָן
4 a house	הַבַּיִת	בַּיִת
5 a blessing	הַבְּרָכָה	בְּרָכָה
6 the bread	לֶחֶם	הַלֶחֶם
7 the children	יְלָדִים	הַיְלָדִים
8 a grandmother	הַסַבְתָּא	סַבְתָּא

ATTACHED WORDS

The letters הַ-לְ-לַ never stand alone.
They are always attached to another word.
Check the Hebrew word that means the same
as the English.

1 to the children	הַיְלָדִים	יְלָדִים	לַיְלָדִים
2 to a boy	לְיֶלֶד	לַיֶּלֶד	הַיֶּלֶד
3 the blessing	הַבְּרָכָה	לִבְרָכָה	בְּרָכָה
4 the girl	לְיַלְדָּה	הַיַּלְדָּה	לַיַּלְדָּה
5 a house	הַבַּיִת	לַבַּיִת	בַּיִת
6 to the table	לַשֻּׁלְחָן	שֻׁלְחָן	הַשֻּׁלְחָן

בְּרָכוֹת

These בְּרָכוֹת *thank and praise God for giving us good things to eat and enjoy. Practice reading the* בְּרָכוֹת.

FLUENT
SIDDUR

READING

Blessing over bread:

בָּרוּךְ אַתָּה ה' אֱלֹהֵינוּ מֶלֶךְ הָעוֹלָם
הַמּוֹצִיא לֶחֶם מִן הָאָרֶץ.

Blessing over wine:

בָּרוּךְ אַתָּה ה' אֱלֹהֵינוּ מֶלֶךְ הָעוֹלָם
בּוֹרֵא פְּרִי הַגָּפֶן.

Blessing over fruit that grows on trees:

בָּרוּךְ אַתָּה ה' אֱלֹהֵינוּ מֶלֶךְ הָעוֹלָם
בּוֹרֵא פְּרִי הָעֵץ.

Blessing over fruits and vegetables that grow in the soil:

בָּרוּךְ אַתָּה ה' אֱלֹהֵינוּ מֶלֶךְ הָעוֹלָם
בּוֹרֵא פְּרִי הָאֲדָמָה.

Blessing over cakes and cookies:

בָּרוּךְ אַתָּה ה' אֱלֹהֵינוּ מֶלֶךְ הָעוֹלָם
בּוֹרֵא מִינֵי מְזוֹנוֹת.

Blessing over food that does not grow from the earth like meat, fish, eggs, cheese, milk and fruit juices:

בָּרוּךְ אַתָּה ה' אֱלֹהֵינוּ מֶלֶךְ הָעוֹלָם
שֶׁהַכֹּל נִהְיֶה בִּדְבָרוֹ.

מֹשֶׁה וְדַלְיָה

בֹּקֶר.

מֹשֶׁה יֶלֶד גָּדוֹל.

מֹשֶׁה אוֹמֵר בְּרָכָה.

מֹשֶׁה אוֹכֵל פְּרִי.

מֹשֶׁה אוֹמֵר:

שָׁלוֹם, אַבָּא.

שָׁלוֹם, אִמָּא.

אֲנִי הוֹלֵךְ לְבֵית-הַסֵּפֶר.

אִמָּא וְאַבָּא אוֹמְרִים:

שָׁלוֹם, מֹשֶׁה.

דַּלְיָה יַלְדָּה גְּדוֹלָה.

דַּלְיָה אוֹמֶרֶת בְּרָכָה.

דַּלְיָה אוֹכֶלֶת לֶחֶם.

דַלְיָה אוֹמֶרֶת:
שָׁלוֹם, אִמָּא.
שָׁלוֹם, אַבָּא.
אֲנִי הוֹלֶכֶת לְבֵית-הַסֵפֶר.
אִמָּא וְאַבָּא אוֹמְרִים:
שָׁלוֹם, דַלְיָה.

דַלְיָה וּמֹשֶׁה הוֹלְכִים לְבֵית-הַסֵפֶר.

WORDS TO STUDY

בֵּית-סֵפֶר
school

בֹּקֶר
morning

גָדוֹל, גְדוֹלָה
big, great

הוֹלֵךְ, הוֹלֶכֶת
(הלכ)
walks, goes

וְ___, וּ___
and

TIC TAC TOE

Write the number of the English word in the triangle next to the Hebrew word that means the same thing.

לֶחֶם	הוֹלֶכֶת	פְּרִי ⟍1
גָדוֹל	בֵּית-כְּנֶסֶת	בֹּקֶר
בְּרָכָה	בֵּית-סֵפֶר	נוֹתֵן

1 fruit
2 walks, goes
3 big, great
4 morning
5 bread
6 blessing
7 synagogue
8 give
9 school

בְּרָכָה

Some of the blessings we recite are connected with food. The food we eat is important for a healthy and productive life. When we say a בְּרָכָה before we eat, we thank God for giving us food and we remind ourselves that life is special and sacred.

Write the בְּרָכָה we recite before we eat bread:

Before we eat fruit that grows on trees we say:

בָּרוּךְ אַתָּה ה׳, אֱלֹהֵינוּ מֶלֶךְ
הָעוֹלָם בּוֹרֵא פְּרִי הָעֵץ.

Blessed are You, Lord our God, King of the universe, who creates the fruit of the tree.

Challenges:

1 Did you notice that each בְּרָכָה begins with the same six words? Write them:

3 2 1

6 5 4

2 Write the Hebrew word for bread: ______________

3 Write the Hebrew word for fruit: ______________

4 Write the Hebrew word for blessing: ______________

5 One word is missing in each phrase. Complete the phrase by circling the missing word.

1 בָּרוּךְ ______ ה׳. (אֲנִי, אַתָּה, אַתְּ)

2 הַמּוֹצִיא ______ מִן הָאָרֶץ. (פְּרִי, שֻׁלְחָן, לֶחֶם)

3 בּוֹרֵא ______ הָעֵץ. (לֶחֶם, פְּרִי, בְּרָכָה)

ATTACHED WORDS

וְ means "and." וּ means "and." These letters are attached to words.
Underline each word that has וְ or וּ attached to it.
Circle the part of the word that means "and."

1 יֶלֶד וְיַלְדָּה

2 אַבָּא וְאִמָּא

3 כֵּן וְלֹא

4 אוֹמֵר וְנוֹתֵן

5 שָׁלוֹם וּבְרָכָה

6 אוֹמְרִים וְאוֹכְלִים

7 אֲנִי וְאַתָּה

8 דַּלְיָה וּמֹשֶׁה

WORD MATCH

Check the Hebrew word that means the same as the English.

1 the house	וְהַבַּיִת	הַבַּיִת	בַּיִת
2 and the girl	וְהַיַּלְדָּה	הַיַּלְדָּה	יַלְדָּה
3 to the table	לַשֻּׁלְחָן	וְשֻׁלְחָן	שֻׁלְחָן
4 and the children	וְהַיְלָדִים	לַיְלָדִים	יְלָדִים
5 the bread	וְהַלֶּחֶם	הַלֶּחֶם	לֶחֶם
6 to a boy	הַיֶּלֶד	לְיֶלֶד	יֶלֶד
7 fruit	וּפְרִי	הַפְּרִי	פְּרִי
8 and the blessing	וְהַבְּרָכָה	הַבְּרָכָה	בְּרָכָה

SENSIBLE SENTENCES

Complete each sentence by writing the correct word on the line.

- נוֹתֶנֶת
- עַל
- לֶחֶם
- אוֹמֵר
- הוֹלֵךְ
- מִי
- גָדוֹל
- הַיְלָדִים

1 מֹשֶׁה יֶלֶד ___גָדוֹל___.

2 אִמָּא ________ פְּרִי לְסַבְתָּא.

3 ________ אוֹמְרִים תּוֹדָה.

4 אַבָּא ________ בְּרָכָה.

5 סַבָּא ________ לְבֵית-הַכְּנֶסֶת.

6 שָׂרָה אוֹכֶלֶת ________.

7 הַלֶּחֶם ________ הַשֻּׁלְחָן.

8 ________ אוֹכֵל בַּסֻּכָּה?

Now look across and down to find the words you have written. Circle each word you find.

ד	ך	ל	ו	ה	י	מ
ה	ת	נ	ת	ו	נ	פ
י	א	ם	ח	ל	ב	ה
ל	ם	י	ל	כ	ו	א
ד	כ	ל	ע	י	ל	ו
י	ל	ו	ד	ג	א	מ
ם	י	כ	ל	ו	ה	ר

PRAYER

PRACTICE

Read the following סִדּוּר phrases. Underline the words that belong to the (אכל) word family and the (נתנ) word family.
Remember: The root (נתנ) sometimes looks like (נתן)

1 שֶׁבְּכָל הַלֵּילוֹת אָנוּ אוֹכְלִין חָמֵץ וּמַצָּה.

2 צוּר מִשֶּׁלּוֹ אָכַלְנוּ.

3 וְאָכַלְתָּ וְשָׂבָעְתָּ וּבֵרַכְתָּ.

4 עַל אֲכִילַת מַצָּה.

5 בָּרוּךְ אֱלֹהֵינוּ שֶׁאָכַלְנוּ מִשֶּׁלּוֹ.

6 שֶׁבַח נוֹתְנִים לוֹ.

7 בָּרוּךְ שֶׁנָּתַן תּוֹרָה לְעַמּוֹ יִשְׂרָאֵל.

8 וְנָתְנוּ עַל צִיצִית הַכָּנָף פְּתִיל תְּכֵלֶת.

9 הוּא נוֹתֵן לֶחֶם לְכָל בָּשָׂר.

10 בָּרוּךְ אַתָּה ה׳ נוֹתֵן הַתּוֹרָה.

1 When do we say line #1? ____________________

2 Underline the word in line #3 that is related to the שֹׁרֶשׁ (ברכ) Write the word: ____________________

3 Which two lines mention the Torah?
line # ____________ and line # ____________

4 Write the three words from line #9 that mean "He gives bread"

____

59

COMPLETE THE CHART

Write the three forms of each verb.

meaning	שֹׁרֶשׁ	יֶלֶד	יַלְדָּה	יְלָדִים
say	(אמר)	אוֹמֵר	אוֹמֶרֶת	אוֹמְרִים
eat	(אכל)	______	______	______
walk	(הלכ)	______	______	______
give	(נתנ)	______	______	______

WORD FAMILIES

Circle the word that does not belong to the word family.
Write the שֹׁרֶשׁ *of the word family.*

1	אוֹכֵל	אָכַלְנוּ	הָלַכְנוּ (circled)	אוֹכְלִים	(אכל)
2	אוֹמֶרֶת	אָמַרְתָּ	אוֹמְרִים	אָרִים	(___ ___ ___)
3	הוֹלְכִים	אוֹכְלִים	הוֹלֶכֶת	הוֹלֵךְ	(___ ___ ___)
4	תַּנִּין	נוֹתֵן	נוֹתֶנֶת	נוֹתְנִים	(___ ___ ___)
5	בָּרוּךְ	רוֹכְבִים	בְּרָכָה	בָּרְכוּ	(___ ___ ___)

FLUENT SIDDUR READING

בִּרְכוֹת הַתּוֹרָה

A special בְּרָכָה is recited *before* the Torah scroll is read.

Another בְּרָכָה is recited *after* the Torah portion is completed.

These two blessings are called בִּרְכוֹת הַתּוֹרָה.

Practice reading בִּרְכוֹת הַתּוֹרָה. Look for words that belong to the (נתנ) word family. Underline each one you find.

1 בָּרְכוּ אֶת ה׳ הַמְבֹרָךְ.

2 בָּרוּךְ ה׳ הַמְבֹרָךְ לְעוֹלָם וָעֶד.

3 בָּרוּךְ אַתָּה ה׳ אֱלֹהֵינוּ מֶלֶךְ הָעוֹלָם

4 אֲשֶׁר בָּחַר בָּנוּ מִכָּל הָעַמִּים,

5 וְנָתַן לָנוּ אֶת תּוֹרָתוֹ.

6 בָּרוּךְ אַתָּה ה׳, נוֹתֵן הַתּוֹרָה.

1 בָּרוּךְ אַתָּה ה׳ אֱלֹהֵינוּ מֶלֶךְ הָעוֹלָם

2 אֲשֶׁר נָתַן לָנוּ תּוֹרַת אֱמֶת,

3 וְחַיֵּי עוֹלָם נָטַע בְּתוֹכֵנוּ.

4 בָּרוּךְ אַתָּה ה׳ נוֹתֵן הַתּוֹרָה.

רוּתִי לֹא הוֹלֶכֶת לְבֵית-הַסֵּפֶר

בֹּקֶר.

מֹשֶׁה הָאָח שֶׁל רוּתִי.

מֹשֶׁה הוֹלֵךְ לְבֵית-הַסֵּפֶר.

דַּלְיָה הָאָחוֹת שֶׁל רוּתִי.

דַּלְיָה הוֹלֶכֶת לְבֵית-הַסֵּפֶר.

הָאָח וְהָאָחוֹת שֶׁל רוּתִי

הוֹלְכִים לְבֵית-הַסֵּפֶר.

רוּתִי עוֹמֶדֶת עַל-יַד הַדֶּלֶת.

רוּתִי אוֹמֶרֶת:

שָׁלוֹם אִמָּא.

גַּם אֲנִי הוֹלֶכֶת לְבֵית-הַסֵּפֶר.

אִמָּא אוֹמֶרֶת:

רוּתִי, אַתְּ לֹא הוֹלֶכֶת לְבֵית-הַסֵּפֶר.

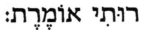

רוּתִי אוֹמֶרֶת:
לָמָּה, אִמָּא?
לָמָּה אֲנִי לֹא הוֹלֶכֶת לְבֵית-הַסֵּפֶר?
אִמָּא אוֹמֶרֶת:
מֹשֶׁה יֶלֶד גָּדוֹל.
יֶלֶד גָּדוֹל הוֹלֵךְ לְבֵית-הַסֵּפֶר.
דַּלְיָה יַלְדָּה גְּדוֹלָה.
יַלְדָּה גְּדוֹלָה הוֹלֶכֶת לְבֵית-הַסֵּפֶר.
רוּתִי, אַתְּ יַלְדָּה קְטַנָּה.
יַלְדָּה קְטַנָּה לֹא הוֹלֶכֶת לְבֵית-הַסֵּפֶר.

CHOOSE A WORD

Circle the Hebrew word that means the same as the English.

1 the brother

דָנִי הָאָח שֶׁל רוּתִי.

2 to the door

אַבָּא הוֹלֵךְ לַדֶלֶת.

3 next to

הַיֶלֶד עַל-יַד הַשֻׁלְחָן.

4 big

יַעֲקֹב יֶלֶד גָדוֹל.

5 the sister

שָׂרָה הָאָחוֹת שֶׁל לֵאָה וְיַעֲקֹב.

6 in the morning

סַבְתָּא אוֹכֶלֶת לֶחֶם בַּבֹּקֶר.

WORDS TO STUDY

אָח, אָחוֹת
brother, sister

גַם
also

דֶלֶת
door

עוֹמֵד, עוֹמֶדֶת
(עמד)
stands

עַל-יַד
near, next to

קָטָן, קְטַנָּה
small, little

7 also

גַם מֹשֶׁה אוֹכֵל לֶחֶם.

8 stand

לָמָה אַתָּה עוֹמֵד פֹּה?

9 small

רִנָה יַלְדָה קְטַנָה.

10 thanks

דַלְיָה אוֹמֶרֶת: תּוֹדָה, אִמָא.

11 to school

מֹשֶׁה הוֹלֵךְ לְבֵית-סֵפֶר.

12 blessing

דַלְיָה אוֹמֶרֶת בְּרָכָה.

13 bread

אַבָּא אוֹכֵל לֶחֶם.

14 gives

סַבָּא נוֹתֵן פֵּרוֹת לַיְלָדִים.

YES OR NO

Read each of the sentences and decide whether it is true or false according to the story. Circle the letter in the column under כֵּן or לֹא.

כֵּן	לֹא		
ד	(בּ)	1	גַּם אִמָּא הוֹלֶכֶת לְבֵית-הַסֵּפֶר.
ו	נ	2	הָאָח שֶׁל רוּתִי הוֹלֵךְ לְבֵית-הַסֵּפֶר.
י	ר	3	רוּתִי וְהָאָח הוֹלְכִים לְבֵית-הַסֵּפֶר.
ע	א	4	הָאָחוֹת שֶׁל רוּתִי עוֹמֶדֶת עַל-יַד הַשֻּׁלְחָן.
פ	ל	5	רוּתִי יַלְדָּה קְטַנָּה.
ר	ת	6	רוּתִי אוֹמֶרֶת: שָׁלוֹם אִמָּא.
י	ד	7	רוּתִי עוֹמֶדֶת עַל-יַד הַדֶּלֶת.
א	ה	8	רוּתִי אוֹמֶרֶת בְּרָכָה.
מ	ע	9	רוּתִי יַלְדָּה גְּדוֹלָה.
א	ץ	10	רוּתִי נוֹתֶנֶת פֵּרוֹת לַיְלָדִים.

Copy each circled letter in the corresponding circle to see the last three words of a בְּרָכָה.

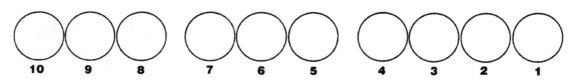

○○○ ○○○ ○○○○

10 9 8 7 6 5 4 3 2 1

When do we recite this בְּרָכָה? ____________________

PRAYER

PRACTICE

Read the following סִדּוּר phrases. Underline the words that belong to the (גדל) word family.

1 כִּי אֵל מֶלֶךְ גָּדוֹל וְקָדוֹשׁ אַתָּה.

2 וּבְטוּבוֹ הַגָּדוֹל תָּמִיד לֹא חָסַר לָנוּ.

3 יִגְדַּל אֱלֹהִים חַי וְיִשְׁתַּבַּח...

4 גַּדְּלוּ לַה׳ אִתִּי...

5 גָּדְלוֹ וְטוּבוֹ מָלֵא עוֹלָם...

6 גָּדוֹל ה׳ וּמְהוּלָּל מְאֹד...

7 לָתֵת גְּדֻלָּה לְיוֹצֵר בְּרֵאשִׁית.

8 הָאֵל הַגָּדוֹל הַגִּבּוֹר וְהַנּוֹרָא.

9 כִּי אֵל גָּדוֹל ה׳ וּמֶלֶךְ גָּדוֹל...

10 יוֹרֶה גְּדֻלָּתוֹ וּמַלְכוּתוֹ.

1 Write the Hebrew word for big: ______________
This word also means great.

2 Find one line that contains the שֹׁרֶשׁ (גדל) twice.
line # ______________

3 Find eight different words that belong to the שֹׁרֶשׁ (גדל). Write the number of the line and the word.

line ____ ______________ line ____ ______________

line ____ ______________ line ____ ______________

line ____ ______________ line ____ ______________

line ____ ______________ line ____ ______________

4 What do all of these phrases tell us about God?
They tell us that God is: ______________

ATTACHED WORDS

Check the Hebrew that means the same as the English.

1 in the house	בַּבַּיִת	לַבַּיִת	הַבַּיִת
2 and a table	לַשֻּׁלְחָן	וְשֻׁלְחָן	הַשֻּׁלְחָן
3 the children	הַיְלָדִים	לַיְלָדִים	יְלָדִים
4 to the door	וְהַדֶּלֶת	הַדֶּלֶת	לַדֶּלֶת
5 and fruits	פֵּרוֹת	וּפֵרוֹת	הַפֵּרוֹת
6 morning	הַבֹּקֶר	בַּבֹּקֶר	בֹּקֶר

SENSIBLE SENTENCES

Complete each sentence with the correct word.

The children walk to the door.	1 הַיְלָדִים הוֹלְכִים לַ דֶלֶת.
Mother and father are standing here.	2 אִמָא וְאַבָּא ______ פֹּה.
Ruthie is a little girl.	3 רוּתִי יַלְדָה ______.
The brother gives bread to the sister.	4 הָ______ נוֹתֵן לֶחֶם לָאָחוֹת.
Moses eats a big fruit.	5 מֹשֶׁה אוֹכֵל פְּרִי ______.
Grandfather stands near the table.	6 סַבָּא עוֹמֵד ______ הַשֻׁלְחָן.

COMPLETE THE SENTENCES

Complete each sentence with the correct word.

נוֹתֶנֶת
אוֹמֶרֶת
הוֹלֵךְ
אוֹכְלִים
עוֹמְדִים

1 הַיְלָדִים אוֹכְלִים פֵּרוֹת.

2 הָאָחוֹת ______ לֶחֶם לָאָח.

3 סַבָּא _____ לְבֵית-הַכְּנֶסֶת.

4 אַבְרָהָם וְשָׂרָה ______
עַל-יַד הַדֶּלֶת.

5 גַּם רוּתִי ______ בְּרָכָה.

ROOTS

Write the שֹׁרֶשׁ *of each word.*

הוֹלֵךְ
הלכ

אוֹמֶרֶת

עוֹמְדִים

נוֹתֶנֶת

אוֹכְלִים

עֲמִידָה

These two passages appear in the Amidah portion of the prayer service. The Hebrew word עֲמִידָה means "standing." We stand when we recite the Amidah. The עֲמִידָה is called the "Silent Prayer" because it is said quietly, in a very soft voice. It is also called the שְׁמוֹנֶה עֶשְׂרֵה (the Hebrew word for eighteen).

In these passages we praise the greatness of God.
Practice reading the prayers.
Circle the words that mean "great" (or big).

FLUENT SIDDUR READING

1 בָּרוּךְ אַתָּה יְיָ אֱלֹהֵינוּ וֵאלֹהֵי אֲבוֹתֵינוּ,

2 אֱלֹהֵי אַבְרָהָם אֱלֹהֵי יִצְחָק וֵאלֹהֵי יַעֲקֹב,

3 הָאֵל הַגָּדוֹל הַגִּבּוֹר וְהַנּוֹרָא, אֵל עֶלְיוֹן,

4 גּוֹמֵל חֲסָדִים טוֹבִים וְקוֹנֵה הַכֹּל, וְזוֹכֵר

5 חַסְדֵי אָבוֹת וּמֵבִיא גוֹאֵל לִבְנֵי בְנֵיהֶם

6 לְמַעַן שְׁמוֹ בְּאַהֲבָה. מֶלֶךְ עוֹזֵר וּמוֹשִׁיעַ

7 וּמָגֵן.

8 בָּרוּךְ אַתָּה יְיָ, מָגֵן אַבְרָהָם.

1 לְדוֹר וָדוֹר נַגִּיד גָּדְלֶךָ, וּלְנֵצַח נְצָחִים

2 קְדֻשָּׁתְךָ נַקְדִּישׁ. וְשִׁבְחֲךָ אֱלֹהֵינוּ מִפִּינוּ

3 לֹא יָמוּשׁ לְעוֹלָם וָעֶד, כִּי אֵל מֶלֶךְ גָּדוֹל

4 וְקָדוֹשׁ אָתָּה.

5 בָּרוּךְ אַתָּה יְיָ, הָאֵל הַקָּדוֹשׁ.

הַיּוֹם שַׁבָּת

חַיִּים הָאָח שֶׁל דָּנָה.
דָּנָה הָאָחוֹת שֶׁל חַיִּים.

בֹּקֶר.
חַיִּים קָם.
חַיִּים אוֹמֵר:
מוֹדֶה אֲנִי לְפָנֶיךָ...

דָּנָה קָמָה.
דָּנָה אוֹמֶרֶת:
מוֹדָה אֲנִי לְפָנֶיךָ...

חַיִּים יוֹשֵׁב עַל-יַד הַשֻּׁלְחָן.
גַּם דָּנָה יוֹשֶׁבֶת עַל-יַד הַשֻּׁלְחָן.

חַיִּים אוֹמֵר בְּרָכָה:
בָּרוּךְ אַתָּה ה׳ אֱלֹהֵינוּ מֶלֶךְ הָעוֹלָם,
הַמּוֹצִיא לֶחֶם מִן הָאָרֶץ.
הוּא אוֹכֵל.

דָנָה אוֹמֶרֶת בְּרָכָה:

בָּרוּךְ אַתָּה ה׳ אֱלֹהֵינוּ מֶלֶךְ הָעוֹלָם,

הַמּוֹצִיא לֶחֶם מִן הָאָרֶץ.

הִיא אוֹכֶלֶת.

דָנָה אוֹמֶרֶת:

שָׁלוֹם, אִמָּא, אֲנִי הוֹלֶכֶת לְבֵית-הַסֵּפֶר.

אִמָּא אוֹמֶרֶת:

הַיּוֹם אַתְּ לֹא הוֹלֶכֶת לְבֵית-הַסֵּפֶר.

הַיּוֹם שַׁבָּת.

הַיּוֹם אֲנַחְנוּ הוֹלְכִים לְבֵית-הַכְּנֶסֶת.

READING COMPREHENSION

Put a check next to the phrase that best completes each sentence according to the story.

1 חַיִּים אוֹמֵר...

___ א. אֲנִי גָדוֹל.

___ ב. מוֹדֶה אֲנִי לְפָנֶיךָ.

___ ג. מִי פֹּה?

2 דָּנָה יוֹשֶׁבֶת...

___ א. עַל-יַד הַדֶּלֶת.

___ ב. עַל-יַד הָאָחוֹת.

___ ג. עַל-יַד הַשֻּׁלְחָן.

WORDS TO STUDY

אֲנַחְנוּ
we

הוּא
he

הִיא
she

הַיּוֹם
today

יוֹשֵׁב, יוֹשֶׁבֶת
(ישב)
sits, lives

קָם, קָמָה
(קומ)
gets up

שַׁבָּת
Shabbat

3 דָנָה אוֹמֶרֶת...

______ א. בְּרָכָה.

______ ב. תּוֹדָה.

______ ג. אֲנִי קְטַנָּה.

4 אִמָּא אוֹמֶרֶת...

______ א. אֲנִי הוֹלֶכֶת לְבֵית-הַסֵּפֶר.

______ ב. אֲנַחְנוּ יוֹשְׁבִים בַּבַּיִת.

______ ג. הַיּוֹם שַׁבָּת.

מוֹדֶה אֲנִי

Write the first two words of the prayer חַיִּים recites in the morning: ______________________

Write the first two words of the prayer דָּנָה recites in the morning: ______________________

These words mean: "I give thanks."

Read the prayer:

מוֹדֶה אֲנִי לְפָנֶיךָ מֶלֶךְ חַי וְקַיָּם
שֶׁהֶחֱזַרְתָּ בִּי נִשְׁמָתִי בְּחֶמְלָה
רַבָּה אֱמוּנָתֶךָ.

I give thanks to You (God) for keeping me alive, for giving me good health and for giving me the gift of a fresh new day.

Underline the Hebrew words that mean "I give thanks."

Circle the Hebrew word for "I."

Is morning a good time to recite the מוֹדֶה אֲנִי?

Why? ______________________

Challenge: Recite מוֹדֶה אֲנִי as soon as you wake up tomorrow morning.

WORD FAMILIES

Circle the word that does not belong to each word family.

1 אוֹכֵל אוֹכֶלֶת הוֹלֶכֶת אוֹכְלִים

2 קָם קָמָה קָמִים קְטַנִּים

3 עוֹמְדִים לוֹמֶדֶת עוֹמֵד עוֹמֶדֶת

4 יוֹשֶׁבֶת יוֹשְׁבִים יוֹשֵׁב שָׁבִים

5 עֹמֶר אוֹמֵר אוֹמֶרֶת אוֹמְרִים

6 הוֹלֵךְ אוֹכְלִים הוֹלְכִים הוֹלֶכֶת

PRAYER

PRACTICE

In each of the סִדּוּר phrases, you will find one of the key words: הוּא, אֲנַחְנוּ.
Practice reading the סִדּוּר phrases. Circle the key words in them.

1 מוֹדִים אֲנַחְנוּ לָךְ.
2 וַאֲנַחְנוּ נְבָרֵךְ יָהּ מֵעַתָּה וְעַד עוֹלָם.
3 וַאֲנַחְנוּ כּוֹרְעִים וּמִשְׁתַּחֲוִים וּמוֹדִים לָךְ.
4 לְפִיכָךְ אֲנַחְנוּ חַיָּבִים לְהוֹדוֹת לְךָ.
5 מָה אֲנַחְנוּ מֶה חַיֵּינוּ?
6 אַתָּה הוּא אֱלֹהֵינוּ, אַתָּה הוּא אֲדוֹנֵינוּ.
7 הוּא אֱלֹהֵינוּ, הוּא אָבִינוּ, הוּא מַלְכֵּנוּ.
8 הוּא נוֹתֵן לֶחֶם לְכָל בָּשָׂר.
9 וְהוּא הָיָה וְהוּא הֹוֶה.
10 אַתָּה הוּא רִאשׁוֹן וְאַתָּה הוּא אַחֲרוֹן.

1 Find the סִדּוּר phrase that mentions the שֹׁרֶשׁ (ברכ)
Write the line # ______. Write the word related to the שֹׁרֶשׁ (ברכ) ______________________

2 Find the סִדּוּר phrase that says: we give thanks.
line # ______
Write the word related to תּוֹדָה and מוֹדֶה ____________

3 Copy the words that say:
He gives bread ______________________________________
line # ______

FILL THE SPACES

Write the Hebrew for each English word. Write one letter in each space. Leave out the vowels. Then write every letter that has a number under it in the spaces at the bottom of the page. You will see where Dana's family is going.

יוֹשֶׁבֶת
בֵּית-סֵפֶר
שַׁבָּת
הוּא
הַיּוֹם
נוֹתֵן
הוֹלְכִים
אֲנַחְנוּ

ת ב(1) ש Shabbat

___ ___ ___(2) ___ today

___(3) ___ ___ ___ ___ (she) sits

___ ___ ___(4) he

___ ___ ___(5) ___ ___ ___ (we) walk

___ ___ ___ ___(6) ___ we

___ ___ ___(7)-___ ___ ___ school

___ ___(8) ___ ___ (he) gives

___(8) ___(7) ___(6) ___(5) ___(4)-___(3) ___(2) ב(1)

Write the English meaning ________________________

מוֹדִים אֲנַחְנוּ

מוֹדִים אֲנַחְנוּ is a blessing in the עֲמִידָה.
This בְּרָכָה thanks God for our many gifts.
Practice reading מוֹדִים אֲנַחְנוּ.

1 מוֹדִים אֲנַחְנוּ לָךְ, שָׁאַתָּה הוּא יְיָ אֱלֹהֵינוּ

2 וֵאלֹהֵי אֲבוֹתֵינוּ לְעוֹלָם וָעֶד, צוּר חַיֵּינוּ,

3 מָגֵן יִשְׁעֵנוּ אַתָּה הוּא לְדוֹר וָדוֹר. נוֹדֶה

4 לְּךָ וּנְסַפֵּר תְּהִלָּתֶךָ, עַל חַיֵּינוּ הַמְּסוּרִים

5 בְּיָדֶךָ, וְעַל נִשְׁמוֹתֵינוּ הַפְּקוּדוֹת לָךְ, וְעַל

6 נִסֶּיךָ שֶׁבְּכָל־יוֹם עִמָּנוּ, וְעַל נִפְלְאוֹתֶיךָ

7 וְטוֹבוֹתֶיךָ שֶׁבְּכָל־עֵת, עֶרֶב וָבֹקֶר וְצָהֳרָיִם.

8 הַטּוֹב כִּי לֹא כָלוּ רַחֲמֶיךָ, וְהַמְרַחֵם כִּי

9 לֹא תַמּוּ חֲסָדֶיךָ, מֵעוֹלָם קִוִּינוּ לָךְ.

1 Underline the Hebrew words that say: "we give thanks."

2 Write the Hebrew for thanks. ____________________

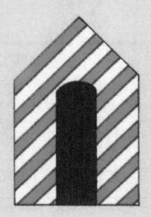

Checkpoint

LESSONS 1-8

checkpoint 1

Circle the English word that means the same as the underlined Hebrew word.

1	אֲנִי בַּבַּיִת.	you I we she
2	דָוִד לֹא בַּבַּיִת.	(is) not has yes who
3	מִי עַל-יַד הַדֶּלֶת?	here what who I
4	הַלֶּחֶם עַל הַשֻּׁלְחָן.	the boy the table the fruit the bread
5	דָוִד אוֹכֵל פְּרִי.	says eats gives stands

checkpoint 2

Circle the Hebrew word that makes the Hebrew sentence mean the same as the English.

1 ______ יַלְדָּה גְּדוֹלָה. You are a big girl.

א. הוּא ב. הִיא ג. אַתְּ ד. אֲנִי

2 ______ יֶלֶד. You are a boy

א. אַתְּ ב. אַתָּה ג. אֲנִי ד. הוּא

3 ______ בַּבַּיִת. He is in the house.

א. הוּא ב. אֲנִי ג. אַתָּה ד. הִיא

4 ______ אוֹכְלִים פֵּרוֹת. We are eating fruit.

א. אֲנִי ב. הוּא ג. אַתָּה ד. אֲנַחְנוּ

5 ______ עַל-יַד הַשֻּׁלְחָן. I am near the table.

א. הוּא ב. אֲנִי ג. אַתְּ ד. הִיא

good-bye	bread	blessing	hello	6 לֵאָה אוֹמֶרֶת בְּרָכָה.
stands	takes	eats	gives	7 אִמָּא נוֹתֶנֶת לֶחֶם לְאַבָּא.
say	eat	want	walk	8 הַיְלָדִים אוֹמְרִים שָׁלוֹם.
good	also	big	thanks	9 אַבְרָהָם יֶלֶד גָּדוֹל.
walks	gets up	says	stands	10 הָאָח הוֹלֵךְ לְבֵית-הַסֵּפֶר.

checkpoint 3

Write the Hebrew word next to the English
Look across and down to find the Hebrew words in the puzzle and circle them.

א	י	מ	ו	נ	ח	נ	א
ת	ל	ד	ל	כ	ו	א	נ
ה	כ	ר	בּ	ב	שׁ	ו	י
א	פּ	ם	י	ד	ל	י	תּ
ו	ר	ג	ת	ם	ח	ל	ו
מ	י	ם	ע	ל	ן	כ	ד
ר	ק	בּ	ל	ו	ד	ג	ה

______ 1 you
______ 2 door
______ 3 house
______ 4 blessing
______ 5 children
______ 6 morning
______ 7 table
______ 8 fruit
______ 9 thanks
______ 10 also
______ 11 yes
______ 12 who
______ 13 big
______ 14 bread
______ 15 on
______ 16 eats
______ 17 we
______ 18 I
______ 19 sits
______ 20 says

אֵיפֹה הַכִּפָּה?

יוֹנָתָן קָם בַּבֹּקֶר.

יוֹנָתָן אוֹמֵר:
מוֹדֶה אֲנִי לְפָנֶיךָ מֶלֶךְ חַי וְקַיָּם
שֶׁהֶחֱזַרְתָּ בִּי נִשְׁמָתִי בְּחֶמְלָה
רַבָּה אֱמוּנָתֶךָ.

יוֹנָתָן אוֹמֵר בְּרָכָה:
בָּרוּךְ אַתָּה ה' אֱלֹהֵינוּ מֶלֶךְ הָעוֹלָם
אֲשֶׁר קִדְּשָׁנוּ בְּמִצְוֹתָיו וְצִוָּנוּ עַל נְטִילַת יָדָיִם.
הוּא יוֹשֵׁב עַל-יַד הַשֻּׁלְחָן וְאוֹכֵל.

הוּא אוֹמֵר:
אִמָּא, אֲנִי הוֹלֵךְ לְבֵית-הַסֵּפֶר.
אֵיפֹה הַסֵּפֶר שֶׁלִּי?

אִמָּא אוֹמֶרֶת:
הַסֵּפֶר עַל הַכִּסֵּא.

הוּא שׁוֹאֵל:
אֵיפֹה הַסִּדּוּר שֶׁלִּי?

אִמָּא אוֹמֶרֶת:
גַּם הַסִּדּוּר עַל הַכִּסֵּא.

הוּא שׁוֹאֵל:
אִמָּא, וְאֵיפֹה הַכִּפָּה שֶׁלִּי?

אִמָּא אוֹמֶרֶת:
הַכִּפָּה עַל ...

אֵיפֹה הַכִּפָּה שֶׁל יוֹנָתָן?

READING COMPREHENSION

Put a check next to the phrase that best completes each sentence according to the story.

1 יוֹנָתָן הוֹלֵךְ...

____ א. לַבַּיִת.

__✓__ ב. לְבֵית-הַסֵפֶר.

____ ג. לַבַּיִת שֶׁלִי.

2 הַסֵפֶר שֶׁל יוֹנָתָן...

____ א. עַל הַכִּסֵא.

____ ב. עַל הַכִּפָּה.

____ ג. עַל הַשֻׁלְחָן.

3 יוֹנָתָן שׁוֹאֵל...

____ א. אֵיפֹה הַכִּסֵא שֶׁלִי?

____ ב. אֵיפֹה הַכִּפָּה שֶׁלִי?

____ ג. אֵיפֹה הַשֻׁלְחָן?

4 אִמָא אוֹמֶרֶת...

____ א. הַסֵפֶר בְּבֵית-הַסֵפֶר.

____ ב. הַכִּפָּה עַל-יַד הַשֻׁלְחָן.

____ ג. הַסִדוּר עַל הַכִּסֵא.

WORDS TO STUDY

אֵיפֹה	where
כִּסֵא	chair
כִּפָּה	skullcap
סֵפֶר	book
רֹאשׁ	head
שׁוֹאֵל, שׁוֹאֶלֶת (שאל)	asks
שֶׁלִי	my, mine

A LESSON ABOUT BLESSINGS

1 What prayer does Jonathan recite immediately upon awakening in the morning? _____

2 Write the בְּרָכָה that Jonathan recites after מוֹדֶה אֲנִי.

3 Write the בְּרָכָה we recite before eating bread.

4 How are these two בְּרָכוֹת (blessings) similar?

5 How are these two בְּרָכוֹת different?

6 Do you know any other בְּרָכוֹת that have the four additional words אֲשֶׁר קִדְּשָׁנוּ בְּמִצְוֹתָיו וְצִוָּנוּ (who has made us holy with His commandments) in them?

7 According to our Jewish tradition, before we eat a meal in which we eat bread, we should wash our hands and recite the blessing: עַל נְטִילַת יָדָיִם.

Do you think we should recite the בְּרָכָה every time we wash our hands?

WORD FAMILIES

The words listed below belong to four different word families שָׁרָשִׁים (roots). Show where each word belongs by putting it in the right bank. Write the English meaning under the שֹׁרֶשׁ (root). Follow the example.

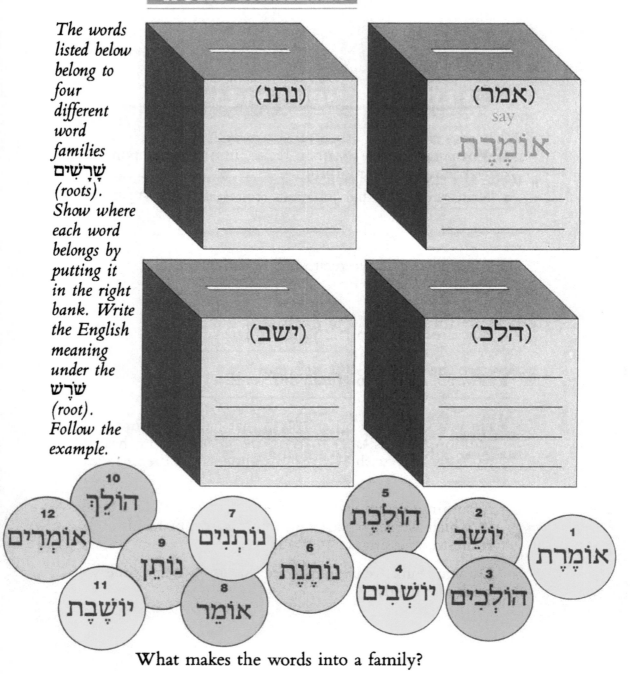

(נתן)

(אמר)
say
אוֹמֶרֶת

(ישב)

(הלכ)

10 הוֹלֵךְ
12 אוֹמְרִים
7 נוֹתְנִים
5 הוֹלֶכֶת
2 יוֹשֵׁב
1 אוֹמֶרֶת
9 נוֹתֵן
6 נוֹתֶנֶת
4 יוֹשְׁבִים
3 הוֹלְכִים
11 יוֹשֶׁבֶת
8 אוֹמֵר

What makes the words into a family?

BE A TRANSLATOR

Connect the Hebrew word to the English that means the same thing.

book	שׁוֹאֵל
my	סֵפֶר
asks	שֶׁלִּי
king	מֶלֶךְ

head	אֵיפֹה
skullcap	כִּסֵּא
where	כִּפָּה
chair	רֹאשׁ

today	הוּא
he	אֲנַחְנוּ
we	הַיּוֹם
she	הִיא

stands	עוֹמֵד
sits	גָּדוֹל
great	אוֹמֵר
says	יוֹשֵׁב

PRAYER PRACTICE

In each of the סִדּוּר phrases, you will find one of these key words: מִי לֹא עַל
Practice reading the סִדּוּר phrases. Circle the key words.

1 ה׳ לִי וְלֹא אִירָא.

2 הוֹדוֹ עַל אֶרֶץ וְשָׁמָיִם.

3 וְלֹא שָׂמָנוּ כְּמִשְׁפְּחוֹת הָאֲדָמָה.

4 עַל עַמְּךָ בִרְכָתֶךָ, סֶּלָה.

5 מִי כָמֹכָה בָּאֵלִים ה׳?

6 וּמִי דּוֹמֶה לָּךְ?

7 לֹא קָם בְּיִשְׂרָאֵל כְּמֹשֶׁה עוֹד...

8 עַל הַכֹּל ה׳ אֱלֹהֵינוּ...

9 עָלֵינוּ וְעַל כָּל יִשְׂרָאֵל...

10 מִי כֵאלֹהֵינוּ מִי כַאדוֹנֵינוּ...

1 Find the סִדּוּר phrase that mentions the name of an important person.

line ________. What is his name? ________

2 Find the סִדּוּר phrase that mentions the שֹׁרֶשׁ (ברכ)

line ________. Write the word related to the שֹׁרֶשׁ (ברכ) ________

3 Find the two phrases that include the word יִשְׂרָאֵל.

They are ________ and ________.

4 Find the phrases that include one of the key words with the Hebrew word "and" attached to it. Write the number of the line and the word.

line ________ word: ________

line ________ word: ________

line ________ word: ________

line ________ word: ________

5 Copy the phrase that says "who is like our God, who is like our Lord?" ________________

line ________

6 Line 10 is part of a prayer we sing on Shabbat.

What's the name of the prayer? ________________

ARTICLES AND PARTICLES

Check the Hebrew word that means the same as the English.

1 the book	סֵפֶר ______	הַסֵּפֶר ✓	בַּסֵּפֶר ______
2 and (a) brother	וְהָאָח ______	אָח ______	וְאָח ______
3 to the chair	לַכִּסֵּא ______	בַּכִּסֵּא ______	הַכִּסֵּא ______
4 the fruits	פֵּרוֹת ______	הַפֵּרוֹת ______	וְהַפֵּרוֹת ______
5 in the morning	בַּבֹּקֶר ______	הַבֹּקֶר ______	בֹּקֶר ______
6 to the door	וְהַדֶּלֶת ______	וְדֶלֶת ______	לַדֶּלֶת ______
7 and bread	בַּלֶּחֶם ______	וְלֶחֶם ______	הַלֶּחֶם ______
8 (a) blessing	בְּרָכָה ______	הַבְּרָכָה ______	וּבְרָכָה ______

Read the Hebrew word in column 1. Add the Hebrew Particle (small word) shown in column 2. Write your answer in column 3.

3	2	1
הַסִּדּוּר	the	1 סִדּוּר
______	in the	2 בַּיִת
______	and	3 שֻׁלְחָן
______	to the	4 תּוֹרָה
______	and the	5 מֶלֶךְ

FLUENT SIDDUR READING

בְּרָכוֹת שֶׁל מִצְוָה

This is the בְּרָכָה that יוֹנָתָן recited when he washed his hands:

בָּרוּךְ אַתָּה ה׳ אֱלֹהֵינוּ מֶלֶךְ הָעוֹלָם
אֲשֶׁר קִדְּשָׁנוּ בְּמִצְוֹתָיו וְצִוָּנוּ
עַל נְטִילַת יָדָיִם.

Blessed are You, Lord our God, King of the universe, who made us holy with His commandments and commanded us on the washing of hands.

These בְּרָכוֹת thank God for giving us special commandments to do. Practice reading the בְּרָכוֹת.
Underline the ten words that are the same in each בְּרָכָה.

---

1 בָּרוּךְ אַתָּה ה׳ אֱלֹהֵינוּ מֶלֶךְ הָעוֹלָם
אֲשֶׁר קִדְּשָׁנוּ בְּמִצְוֹתָיו וְצִוָּנוּ
לִקְבֹּעַ מְזוּזָה.

When attaching a mezuzah:

---

2 בָּרוּךְ אַתָּה ה׳ אֱלֹהֵינוּ מֶלֶךְ הָעוֹלָם
אֲשֶׁר קִדְּשָׁנוּ בְּמִצְוֹתָיו וְצִוָּנוּ
לְהַדְלִיק נֵר שֶׁל שַׁבָּת.

Over Shabbat candles:

---

3 בָּרוּךְ אַתָּה ה׳ אֱלֹהֵינוּ מֶלֶךְ הָעוֹלָם
אֲשֶׁר קִדְּשָׁנוּ בְּמִצְוֹתָיו וְצִוָּנוּ
לְהַדְלִיק נֵר שֶׁל חֲנֻכָּה.

Over Hanukkah candles:

אֵיפֹה הָרֹאשׁ שֶׁל יִצְחָק?

הַיְלָדִים יוֹשְׁבִים בַּכִּתָּה.
גַּם הַיְלָדוֹת יוֹשְׁבוֹת בַּכִּתָּה.

יִצְחָק בָּא לַכִּתָּה.
יִצְחָק אוֹמֵר:
שָׁלוֹם, מוֹרָה.

הַמּוֹרָה אוֹמֶרֶת:
שָׁלוֹם, יִצְחָק.
אֵיפֹה הַסֵּפֶר שֶׁלְּךָ?

יִצְחָק אוֹמֵר:
הַסֵּפֶר שֶׁלִּי בַּבַּיִת.

הַמּוֹרָה שׁוֹאֶלֶת:
אֵיפֹה הַסִּדּוּר שֶׁלְּךָ?

יִצְחָק אוֹמֵר:
גַּם הַסִּדּוּר שֶׁלִּי בַּבַּיִת.

הַמּוֹרָה שׁוֹאֶלֶת:
אֵיפֹה הַכִּפָּה שֶׁלְּךָ?

יִצְחָק אוֹמֵר:
גַּם הַכִּפָּה שֶׁלִּי בַּבַּיִת.

הַמּוֹרָה שׁוֹאֶלֶת:
וְאֵיפֹה הָרֹאשׁ שֶׁלְּךָ?

יִצְחָק אוֹמֵר:
גַּם הָרֹאשׁ שֶׁלִּי...

אֵיפֹה הָרֹאשׁ שֶׁל יִצְחָק?

WORDS TO STUDY

בָּא, בָּאָה
(בוא)
comes

יְלָדוֹת
girls

כִּתָּה
classroom

מוֹרֶה, מוֹרָה
teacher

שֶׁלְּךָ, שֶׁלָּךְ
your, yours

BE A TRANSLATOR

Circle the Hebrew word that means the same as the English.

my

1 הַסֵּפֶר שֶׁלִּי עַל הַשֻּׁלְחָן.

comes

2 אַבָּא בָּא לַבַּיִת.

the teacher

3 הַמּוֹרָה עוֹמֶדֶת עַל-יַד הַדֶּלֶת.

the girls

4 הַיְלָדוֹת בְּבֵית-הַסֵּפֶר.

your

5 הַסִּדּוּר שֶׁלְּךָ עַל הַכִּסֵּא.

gets up

6 הִיא קָמָה וְהוֹלֶכֶת לַשֻּׁלְחָן.

the head

7 הַכִּפָּה עַל הָרֹאשׁ.

asks

8 דָּוִד שׁוֹאֵל: מִי בַּבַּיִת?

we

9 אֲנַחְנוּ הוֹלְכִים לְבֵית-הַכְּנֶסֶת.

he

10 הוּא יוֹשֵׁב עַל-יַד שֻׁלְחָן גָּדוֹל.

HEBREW ROOT שֹׁרֶשׁ

Here is the pattern of vowels and additional letters added to the שֹׁרֶשׁ (ישב) *to form the present tense.*

English	שֹׁרֶשׁ: (ישב)	Pattern
sits, lives	הוּא יוֹשֵׁב	□וֹ□ֵ□
sits, lives	הִיא יוֹשֶׁבֶת	□וֹ□ֶ□ֶת
sit, live	הַיְלָדִים יוֹשְׁבִים	□וֹ□ְ□ִים
sit, live	הַיְלָדוֹת יוֹשְׁבוֹת	□וֹ□ְ□וֹת

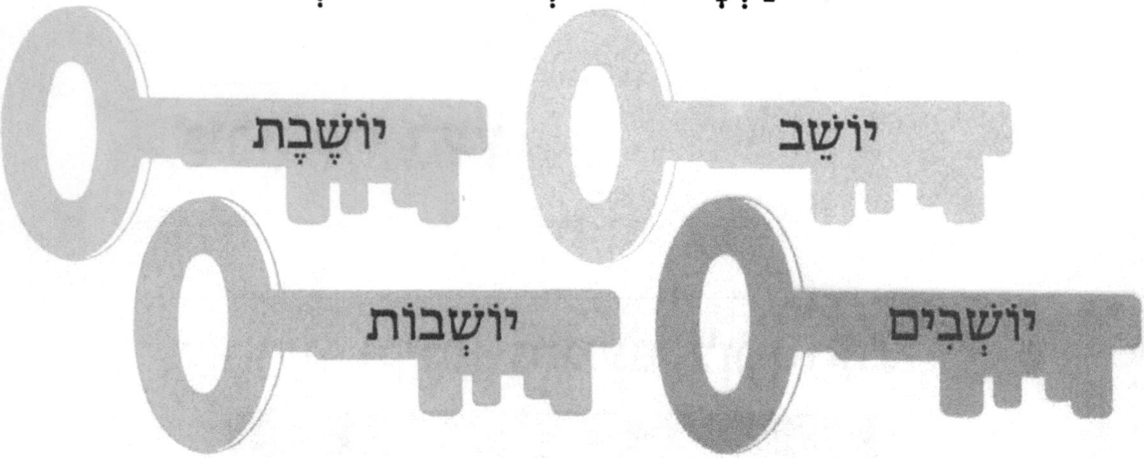

Complete each sentence with the correct form of the word.

1 חַיִּים וְדָוִד ________ עַל-יַד שֻׁלְחָן קָטָן.

2 אַתָּה ________ בַּכִּתָּה שֶׁלְּךָ.

3 הַיְלָדוֹת ________ בַּבַּיִת שֶׁלִּי.

4 לָמָּה אַתְּ ________ פֹּה?

A LESSON ABOUT בְּרָכוֹת

Here are the endings of familiar בְּרָכוֹת. Write the beginning of each בְּרָכָה. In the column on the left write when each בְּרָכָה is recited.

When? _____ **1**

_____ _____

הַמּוֹצִיא לֶחֶם מִן הָאָרֶץ.

_____ **2**

_____ _____

בּוֹרֵא פְּרִי הָעֵץ.

_____ **3**

_____ _____

שֶׁהֶחֱיָנוּ וְקִיְּמָנוּ וְהִגִּיעָנוּ לַזְּמַן הַזֶּה.

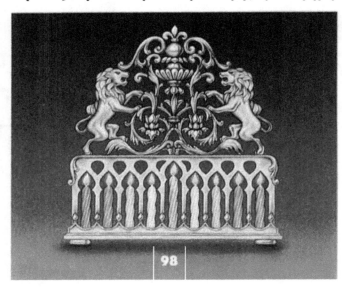

98

Some בְּרָכוֹת are recited when we do something that is commanded by the Torah or by our Jewish tradition. We call these בִּרְכוֹת שֶׁל מִצְוָה

1 Write the בְּרָכָה that יוֹנָתָן recited when he washed his hands.

____

____

2 Here is the בְּרָכָה that is recited after lighting the Shabbat candles.

בָּרוּךְ אַתָּה ה׳ אֱלֹהֵינוּ מֶלֶךְ הָעוֹלָם אֲשֶׁר קִדְּשָׁנוּ בְּמִצְוֹתָיו

וְצִוָּנוּ לְהַדְלִיק נֵר שֶׁל שַׁבָּת.

3 When do we recite this בְּרָכָה? ____________________

בָּרוּךְ אַתָּה ה׳ אֱלֹהֵינוּ מֶלֶךְ הָעוֹלָם אֲשֶׁר קִדְּשָׁנוּ בְּמִצְוֹתָיו

וְצִוָּנוּ לְהַדְלִיק נֵר שֶׁל חֲנוּכָּה.

What word gave you the clue? ____________________

4 What do these בְּרָכוֹת have in common?
Underline the words that are the same in these בְּרָכוֹת.

When the words ...אֲשֶׁר קִדְּשָׁנוּ בְּמִצְוֹתָיו וְצִוָּנוּ meaning:

Who sanctified us (made us holy) with
His commandments (מִצְווֹת) and commanded us...

are part of the בְּרָכָה we call the בְּרָכָה a בְּרָכָה שֶׁל מִצְוָה.

As Jews, we perform certain מִצְווֹת and act and behave in certain special ways according to what we learn in the Torah and from our Rabbis.

Write the four clue words that help us recognize a בְּרָכָה שֶׁל מִצְוָה.

__________ __________ __________ __________

נוֹתֶנֶת
אוֹמְרִים
שׁוֹאֶלֶת
יוֹשֵׁב

COMPLETE THE SENTENCES

Write the word that best completes each sentence.

1 הַיְלָדוֹת הוֹלְכוֹת לְבֵית-הַסֵּפֶר.

2 הוּא ____ לֶחֶם.

3 הַמּוֹרָה _____: מִי בַּכִּתָּה?

4 אַתָּה ____ עַל הַכִּסֵּא.

5 אִמָּא _____ פֵּרוֹת לַיְלָדִים.

6 הַיְלָדִים ______: שָׁלוֹם, אַבָּא.

Write the שֹׁרֶשׁ of the words. Follow the example.

אוֹכֵל (אכל)

אוֹמְרִים ____

נוֹתֶנֶת ____

שׁוֹאֶלֶת ____

יוֹשֵׁב ____

הוֹלְכוֹת ____

PRAYER

PRACTICE

The verbs בָּא and קָם belong to a verb family that is different from other verbs we have studied.

(בוא) is the שֹׁרֶשׁ of בָּא (comes).

(קום) is the שֹׁרֶשׁ of קָם (gets up).

This information will help you find these verbs in סִדּוּר phrases.

Read the following סִדּוּר phrases and underline the words that are related to the key words בָּא and קָם. Remember: The ו does not always appear in the verb.

1 וַאֲנִי בְּרֹב חַסְדְּךָ <u>אָבֹא</u> בֵיתֶךָ

2 לֹא קָם בְּיִשְׂרָאֵל כְּמֹשֶׁה עוֹד

3 אֱלֹהֵינוּ וֵאלֹהֵי אֲבוֹתֵינוּ יַעֲלֶה וְיָבֹא

4 שְׂאוּ מִנְחָה וּבֹאוּ לְפָנָיו

5 קוּמִי צְאִי מִתּוֹךְ הַהֲפֵכָה

6 בּוֹאִי כַלָּה, בּוֹאִי כַלָּה

7 וּבְלֶכְתְּךָ בַדֶּרֶךְ וּבְשָׁכְבְּךָ וּבְקוּמֶךָ

8 בּוֹאֲכֶם לְשָׁלוֹם, מַלְאֲכֵי הַשָּׁלוֹם

9 צוּר יִשְׂרָאֵל, קוּמָה בְּעֶזְרַת יִשְׂרָאֵל

10 מִלִּפְנֵי ה׳ כִּי בָא לִשְׁפּוֹט אֶת הָאָרֶץ

1 When do we sing line 8? ____________________

2 Find and underline the word in line 1 related to the word בַּיִת. Write that word here: ____________________

3 Line 7 is part of a very important prayer. Do you know which prayer? ____________________

101

BINGO

Match the English words with a Hebrew word on the Bingo card. Write the number of the English word in the correct space.

אֵיפֹה

מוֹרֶה   בָּא

שׁוֹאֶלֶת   רֹאשׁ   גַּם

1

שֶׁלִּי   יוֹשְׁבִים   שֶׁלְךָ   אֲנַחְנוּ

פְּרִי   נוֹתֵן   גָּדוֹל

קָמָה   כִּסֵּא

הַיּוֹם

1 sit
2 teacher
3 comes
4 gets up
5 head
6 your, yours
7 great
8 chair

9 today
10 asks
11 fruit
12 where
13 also
14 gives
15 we
16 my, mine

102

FLUENT SIDDUR

READING

Practice reading these בְּרָכוֹת שֶׁל מִצְוָה. Underline the four words that tell us these בְּרָכוֹת are בְּרָכוֹת שֶׁל מִצְוָה.

1 בָּרוּךְ אַתָּה ה׳ אֱלֹהֵינוּ מֶלֶךְ הָעוֹלָם
אֲשֶׁר קִדְּשָׁנוּ בְּמִצְוֹתָיו וְצִוָּנוּ
לִקְבֹּעַ מְזוּזָה.

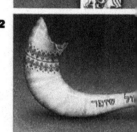

2 בָּרוּךְ אַתָּה ה׳ אֱלֹהֵינוּ מֶלֶךְ הָעוֹלָם
אֲשֶׁר קִדְּשָׁנוּ בְּמִצְוֹתָיו וְצִוָּנוּ
לִשְׁמוֹעַ קוֹל שׁוֹפָר.

3 בָּרוּךְ אַתָּה ה׳ אֱלֹהֵינוּ מֶלֶךְ הָעוֹלָם
אֲשֶׁר קִדְּשָׁנוּ בְּמִצְוֹתָיו וְצִוָּנוּ
לֵישֵׁב בַּסֻּכָּה.

4 בָּרוּךְ אַתָּה ה׳ אֱלֹהֵינוּ מֶלֶךְ הָעוֹלָם
אֲשֶׁר קִדְּשָׁנוּ בְּמִצְוֹתָיו וְצִוָּנוּ
עַל מִקְרָא מְגִלָּה.

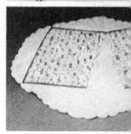

5 בָּרוּךְ אַתָּה ה׳ אֱלֹהֵינוּ מֶלֶךְ הָעוֹלָם
אֲשֶׁר קִדְּשָׁנוּ בְּמִצְוֹתָיו וְצִוָּנוּ
עַל אֲכִילַת מַצָּה.

LESSON 11 שִׁעוּר

ה׳ בּוֹרֵא אֶת הַכֹּל

עַל-יַד הַבַּיִת גַּן.
בַּגַּן עֵצִים.
עַל הָעֵצִים פֵּרוֹת.
צְבִי וְלֵאָה יוֹשְׁבִים בַּגַּן.
אַבָּא וְאִמָּא בָּאִים לַגַּן.
אַבָּא וְאִמָּא יוֹשְׁבִים עַל-יַד הַיְלָדִים.

לֵאָה שׁוֹאֶלֶת:
אַבָּא, מִי בּוֹרֵא אֶת הָעֵצִים?
אַבָּא עוֹנֶה:
ה׳ בּוֹרֵא אֶת הָעֵצִים.

צְבִי שׁוֹאֵל:
אִמָּא, מִי בּוֹרֵא אֶת הַפֵּרוֹת?

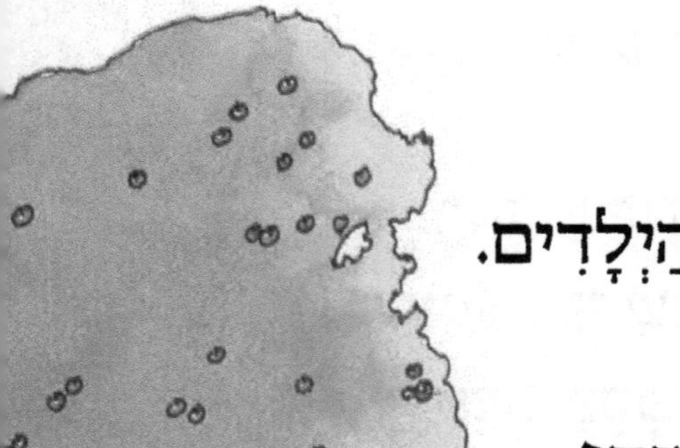

אִמָּא עוֹנָה:
ה׳ בּוֹרֵא אֶת הַפֵּרוֹת.

לֵאָה שׁוֹאֶלֶת:
אַבָּא, מִי בּוֹרֵא אֶת הָאָרֶץ?

אַבָּא עוֹנֶה:
ה׳ בּוֹרֵא אֶת הָאָרֶץ.
ה׳ בּוֹרֵא אֶת הָעֵצִים.
ה׳ בּוֹרֵא אֶת הַפֵּרוֹת.
ה׳ בּוֹרֵא אֶת הַכֹּל.

READING COMPREHENSION

Put a check next to the phrase that best completes each sentence according to the story.

1 הַיְלָדִים...

_____ א. הוֹלְכִים לְבֵית-הַסֵפֶר.

✓ _____ ב. יוֹשְׁבִים בַּגַן.

_____ ג. עוֹמְדִים עַל-יַד הַבַּיִת.

2 אִמָא וְאַבָּא...

_____ א. יוֹשְׁבִים בַּבַּיִת.

_____ ב. נוֹתְנִים פֵּרוֹת לַיְלָדִים.

_____ ג. בָּאִים לַגַן.

3 לֵאָה שׁוֹאֶלֶת...

_____ א. אֵיפֹה הַגַן?

_____ ב. מִי אוֹכֵל פֵּרוֹת?

_____ ג. מִי בּוֹרֵא אֶת הָעֵצִים?

4 אַבָּא עוֹנֶה...

_____ א. ה׳ בּוֹרֵא אֶת הָעֵצִים.

_____ ב. אֲנַחְנוּ בַּגַן.

_____ ג. הַפֵּרוֹת עַל הָעֵצִים.

WORDS TO STUDY

אֶרֶץ
land, earth

בּוֹרֵא (ברא)
creates

גַן
garden

ה׳
God

הַכֹּל
everything

עוֹנֶה, עוֹנָה (ענה)
answers

עֵץ, עֵצִים
tree, trees

GOD'S NAME

In the סִדּוּר and in the Torah, God's name is written:
אֲדֹנָי and יי, יהוה

We pronounce God's name אֲדֹנָי when it is written:
ד׳ or ה׳, יי, יהוה

Some Jewish people pronounce God's name only when they are reciting a prayer or saying a בְּרָכָה. They refer to God as הַשֵּׁם, which means "The Name". They write God's name in English as G-D.
Jews have always honored and respected God's name.

In the סִדּוּר we find additional names for God.
Read the following סִדּוּר phrases. The names for God are underlined.

God

1 אֵל אָדוֹן עַל כָּל הַמַּעֲשִׂים

God

2 וַיְבָרֶךְ אֱלֹהִים אֶת יוֹם הַשְּׁבִיעִי

---

my God

3 אֲרוֹמִמְךָ אֱלֹהַי הַמֶּלֶךְ

---

our God

4 בָּרוּךְ אַתָּה ה׳ אֱלֹהֵינוּ מֶלֶךְ הָעוֹלָם

---

its God

5 אַשְׁרֵי הָעָם שֶׁה׳ אֱלֹהָיו

God of

6 אֱלֹהֵי אַבְרָהָם, אֱלֹהֵי יִצְחָק וֵאלֹהֵי יַעֲקֹב

WATCH FOR

אֶת

Each pair of Hebrew sentences is almost identical, but there is an important difference between them. Can you find the difference? Check the Hebrew sentence that means the same as the English.

1 He eats the fruit.

הוּא אוֹכֵל פְּרִי.

הוּא אוֹכֵל אֶת הַפְּרִי. ✓

2 God creates trees.

ה׳ בּוֹרֵא עֵצִים.

ה׳ בּוֹרֵא אֶת הָעֵצִים.

3 The teacher gives the siddur to David.

הַמּוֹרָה נוֹתֶנֶת סִדּוּר לְדָוִד.

הַמּוֹרָה נוֹתֶנֶת אֶת הַסִּדּוּר לְדָוִד.

4 The girls eat bread.

הַיְלָדוֹת אוֹכְלוֹת אֶת הַלֶּחֶם.

הַיְלָדוֹת אוֹכְלוֹת לֶחֶם.

5 Father says the blessing.

אַבָּא אוֹמֵר בְּרָכָה.

אַבָּא אוֹמֵר אֶת הַבְּרָכָה.

6 The brother gives a book to the sister.

הָאָח נוֹתֵן סֵפֶר לָאָחוֹת.

הָאָח נוֹתֵן אֶת הַסֵּפֶר לָאָחוֹת.

7 God creates the land.

ה׳ בּוֹרֵא אֶרֶץ.

ה׳ בּוֹרֵא אֶת הָאָרֶץ

108

PRAYER PRACTICE

Read the סִדּוּר phrases. Underline words that belong to the (ברא) word-family.

1 בּוֹרֵא יוֹם וָלָיְלָה, גּוֹלֵל אוֹר מִפְּנֵי חֹשֶׁךְ:
2 טוֹבִים מְאוֹרוֹת שֶׁבָּרָא אֱלֹהֵינוּ.
3 כִּי בוֹ שָׁבַת מִכָּל מְלַאכְתּוֹ אֲשֶׁר בָּרָא.
4 קַדְמוֹן לְכָל דָּבָר אֲשֶׁר נִבְרָא.
5 אֲדוֹן עוֹלָם אֲשֶׁר מָלַךְ בְּטֶרֶם כָּל יְצִיר
נִבְרָא.
6 בָּרוּךְ אַתָּה ה׳ אֱלֹהֵינוּ מֶלֶךְ הָעוֹלָם בּוֹרֵא
פְּרִי הָעֵץ.
7 בָּרוּךְ אַתָּה ה׳ אֱלֹהֵינוּ מֶלֶךְ הָעוֹלָם בּוֹרֵא
פְּרִי הָאֲדָמָה.
8 בָּרוּךְ אַתָּה ה׳ אֱלֹהֵינוּ מֶלֶךְ הָעוֹלָם יוֹצֵר
אוֹר וּבוֹרֵא חֹשֶׁךְ עוֹשֶׂה שָׁלוֹם וּבוֹרֵא אֶת
הַכֹּל.

WORD FAMILIES

Circle the word that does not belong to the word-family. Write the שֹׁרֶשׁ of the word-family and the meaning of the שֹׁרֶשׁ. Follow the example.

1	יוֹשֵׁב	יוֹשֶׁבֶת	(חוֹשְׁבִים)	יוֹשְׁבוֹת	(ישב)	sit
2	אוֹמֶרֶת	אוֹכְלוֹת	אוֹכְלִים	אוֹכֶלֶת	______	______
3	נוֹתֶנֶת	נוֹתֵן	נוֹתְנוֹת	לָנִים	______	______
4	הוֹלֵךְ	אוֹכְלוֹת	הוֹלְכוֹת	הוֹלְכִים	______	______
5	עוֹמְדִים	עוֹמֵד	עוֹמְדוֹת	לוֹמֶדֶת	______	______
6	שׁוֹאֲלוֹת	שׁוֹאֲלִים	אוֹכֵל	שׁוֹאֶלֶת	______	______

ATTACH THE WORD PARTS

Make each Hebrew word mean the same as the English by adding one or more of these particles (word parts) to the Hebrew word.

וְ	הַ
לַ	בַּ

1	הַ	סֵפֶר	the book
2	______	גַּן	in the garden
3	______	פֵּרוֹת	the fruits
4	______	כִּסֵּא	to the chair
5	______	לֶחֶם	and bread
6	______	בְּרָכָה	and the blessing
7	______	סֻכָּה	to the sukkah
8	______	בֹּקֶר	in the morning
9	______	רֹאשׁ	and head
10	______	עֵצִים	and trees

HAVDALAH BLESSINGS

When שַׁבָּת ends we perform a ceremony called Havdalah (הַבְדָּלָה). We light a braided candle and recite blessings over a cup of wine and over sweet-smelling spices and over the flame of the candle.

בָּרוּךְ אַתָּה ה' אֱלֹהֵינוּ מֶלֶךְ הָעוֹלָם

Blessing over wine: בּוֹרֵא פְּרִי הַגָּפֶן.

בָּרוּךְ אַתָּה ה' אֱלֹהֵינוּ מֶלֶךְ הָעוֹלָם

Blessing over spices: בּוֹרֵא מִינֵי בְשָׂמִים.

בָּרוּךְ אַתָּה ה' אֱלֹהֵינוּ מֶלֶךְ הָעוֹלָם

Blessing over
flame of Havdalah candle: בּוֹרֵא מְאוֹרֵי הָאֵשׁ.

In each בְּרָכָה underline the Hebrew word that means "create." What do these בְּרָכוֹת tell us about God?

COMPLETE THE SENTENCES

Write one of the Hebrew words in each blank space. Then write the missing English word in each sentence.

גַּן
בּוֹרֵא
עוֹנֶה
בָּאִים
קָמָה
רֹאשׁ
עֵץ

1 הַיֶּלֶד עוֹנֶה: הַסֵּפֶר שֶׁלִּי בַּבַּיִת.

The boy answers: my book is in the house.

2 לָמָּה הַפֵּרוֹת עַל הָ ______?

Why are the fruits ______ the tree?

3 ה׳ ______ פְּרִי הָעֵץ.

God creates fruit of the ______.

4 הַיְלָדוֹת יוֹשְׁבוֹת בַּ ______.

The girls ______ in the garden.

5 כִּפָּה גְדוֹלָה עַל הָ ______ שֶׁל אַבָּא.

A ______ skullcap is on the father's head.

6 אַבָּא וְאִמָּא ______ לַגַּן.

Father and ______ come to the garden.

7 הִיא ______ וְהוֹלֶכֶת לַדֶּלֶת.

She gets up and goes to the ______.

בִּרְכַּת הַמָּזוֹן

When we finish a meal we recite a special prayer. It is
called the בִּרְכַּת הַמָּזוֹן.

Practice reading the first paragraph of the בִּרְכַּת הַמָּזוֹן.

1. בָּרוּךְ אַתָּה ה׳ אֱלֹהֵינוּ מֶלֶךְ הָעוֹלָם, הַזָּן

2. אֶת־הָעוֹלָם כֻּלּוֹ בְּטוּבוֹ, בְּחֵן בְּחֶסֶד

3. וּבְרַחֲמִים. הוּא נוֹתֵן לֶחֶם לְכָל־בָּשָׂר, כִּי

4. לְעוֹלָם חַסְדּוֹ. וּבְטוּבוֹ הַגָּדוֹל תָּמִיד

5. לֹא חָסַר לָנוּ, וְאַל יֶחְסַר לָנוּ מָזוֹן לְעוֹלָם

6. וָעֶד בַּעֲבוּר שְׁמוֹ הַגָּדוֹל. כִּי הוּא אֵל זָן

7. וּמְפַרְנֵס לַכֹּל, וּמֵטִיב לַכֹּל, וּמֵכִין מָזוֹן

8. לְכָל בְּרִיּוֹתָיו אֲשֶׁר בָּרָא. בָּרוּךְ אַתָּה ה׳,

9. הַזָּן אֶת הַכֹּל.

הָאָח שֶׁל רָחֵל

רָחֵל יַלְדָּה גְּדוֹלָה.
רָחֵל יוֹשֶׁבֶת בַּחֶדֶר וְהִיא לוֹמֶדֶת.
דָּן יֶלֶד קָטָן.
דָּן הָאָח שֶׁל רָחֵל.
הוּא בָּא לַחֶדֶר שֶׁל רָחֵל.

רָחֵל אוֹמֶרֶת:
אֲנִי לוֹמֶדֶת פֹּה.
לָמָּה אַתָּה בָּא לַחֶדֶר שֶׁלִּי?

דָּן עוֹנֶה:
בְּבַקָּשָׁה, אֲנִי רוֹצֶה עִפָּרוֹן.

רָחֵל אוֹמֶרֶת:
יֵשׁ עִפָּרוֹן בַּחֶדֶר שֶׁלְּךָ.

דָּן אוֹמֵר:
הָעִפָּרוֹן שֶׁלִּי קָטָן.
אֲנִי רוֹצֶה עִפָּרוֹן גָּדוֹל.

רָחֵל נוֹתֶנֶת לְדָן עִפָּרוֹן.
הִיא אוֹמֶרֶת:
הִנֵּה עִפָּרוֹן גָּדוֹל.
אֲנִי לוֹמֶדֶת פֹּה. שָׁלוֹם דָּן.

דָּן יוֹשֵׁב בַּחֶדֶר.
רָחֵל שׁוֹאֶלֶת:
מָה אַתָּה רוֹצֶה? אֲנִי לוֹמֶדֶת פֹּה!

דָּן עוֹנֶה:
אֲנִי רוֹצֶה סֵפֶר, בְּבַקָּשָׁה.

רָחֵל נוֹתֶנֶת לְדָן סֵפֶר.
הִיא אוֹמֶרֶת:
הִנֵּה סֵפֶר גָּדוֹל.

רָחֵל יוֹשֶׁבֶת בַּחֶדֶר וְלוֹמֶדֶת.
גַּם דָּן יוֹשֵׁב בַּחֶדֶר וְלוֹמֵד.
רָחֵל וְדָן לוֹמְדִים.
שָׁלוֹם בַּחֶדֶר. שָׁלוֹם בַּבַּיִת.

Write the correct word
to complete each sentence.

WORDS TO STUDY

בְּבַקָשָׁה	please
הִנֵּה	here (is)
חֶדֶר	room
יֵשׁ	there is (are)
לוֹמֵד, לוֹמֶדֶת (למד)	studies, learns
מַה, מָה	what
עִפָּרוֹן	pencil
רוֹצֶה, רוֹצָה (רצה)	wants

לוֹמֵד

לוֹמְדוֹת

לוֹמְדִים

לוֹמֶדֶת

1 יִצְחָק לוֹמֵד בַּחֶדֶר.

2 רָחֵל _____ בְּבֵית-הַסֵּפֶר.

3 יִצְחָק וְרָחֵל _____ בַּכִּתָּה.

4 שָׂרָה וְלֵאָה _____ בַּבַּיִת.

רוֹצָה

רוֹצֶה

רוֹצוֹת

רוֹצִים

1 דָן _____ עִפָּרוֹן גָּדוֹל.

2 רִבְקָה וְדָן _____ פֵּרוֹת.

3 רִבְקָה _____ סֵפֶר וְעִפָּרוֹן.

4 אִמָּא וְרִבְקָה _____ לֶחֶם וּפֵרוֹת.

COMMUNITY PRAYERS

When we examine the prayers in the siddur we find that most of them are community prayers. They are prayers for people to recite together. They are written in the plural form. Many of the words have the Hebrew suffix (ending) נוּ attached to them. The suffix נוּ comes from the word אֲנַחְנוּ. It means: we, us, our.

Sometimes people ask: Do we have to go to the synagogue to pray? Can't we pray by ourselves, at home? Our Rabbis say that God listens very carefully to prayers that come from a group of people praying together.

Ten or more Jews who gather together to pray are called a congregation or a מִנְיָן. Certain prayers can be recited only when there is a מִנְיָן. For example, the Torah is read only when a מִנְיָן is present.

117

PRAYING
TOGETHER

Here are some of the reasons the Rabbis gave to show why it is important to pray together. Circle the word מִנְיָן next to the statement if you agree.

1 When we pray together our prayers often mean more.　　　　　　　　　　　　　　　　מִנְיָן

2 When we pray together we feel like members of a community.　　　　　　　　　　　מִנְיָן

3 When we pray together we link ourselves to all Jews throughout the world.　　　　　מִנְיָן

4 When we pray together we accept our responsibility for one another.　　　　　　　　מִנְיָן

5 When we pray together we show our concern for the needs of others.　　　　　　　　מִנְיָן

6 When we pray together we do not pray selfishly, for ourselves alone.　　　　　　　　מִנְיָן

7 When we pray together we pray for all Jews everywhere.　　　　　　　　　　　　　　　מִנְיָן

AN IMPORTANT SUFFIX

1 Do you know what these two words have in common?

אֲנַחְנוּ אֱלֹהֵינוּ

2 Circle the ending the two words share.

3 Many Hebrew prayer words end with the suffix נוּ.
When נוּ is attached to a word what does it mean? ____

4 Underline the words that have the suffix נוּ attached to them.

בָּרוּךְ אַתָּה ה׳ אֱלֹהֵינוּ מֶלֶךְ הָעוֹלָם
אֲשֶׁר קִדְּשָׁנוּ בְּמִצְוֹתָיו וְצִוָּנוּ
עַל נְטִילַת יָדָיִם.

1. What does נוּ mean? ____________
2. When do we say this בְּרָכָה? ____________
3. Write the words that end with the suffix נוּ:

________ ________ ________

5 In English, we use two separate words to say Our God. In Hebrew, we use one word to say Our God. We attach the special ending נוּ to the Hebrew word. Write the Hebrew word for Our God ____________

Read the following סִדּוּר phrases and underline words that have the suffix נוּ attached to them.

1 מִי כֵאלֹהֵינוּ, מִי כַאדוֹנֵינוּ, מִי כְמַלְכֵּנוּ
מִי כְמוֹשִׁיעֵנוּ.

2 בָּרוּךְ אַתָּה ה׳ אֱלֹהֵינוּ מֶלֶךְ הָעוֹלָם
שֶׁהֶחֱיָנוּ וְקִיְּמָנוּ וְהִגִּיעָנוּ לַזְּמַן הַזֶּה.

3 אֱלֹהֵינוּ וֵאלֹהֵי אֲבוֹתֵינוּ רְצֵה בִמְנוּחָתֵנוּ.

4 קַדְּשֵׁנוּ בְּמִצְוֹתֶיךָ וְתֵן חֶלְקֵנוּ בְּתוֹרָתֶךָ.

5 בָּרְכֵנוּ אָבִינוּ כֻּלָּנוּ כְּאֶחָד.

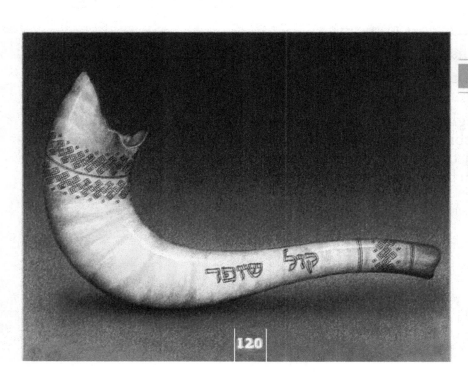

BINGO

Match each English word with a Hebrew word on the Bingo card. Write the number of the English word in the square.

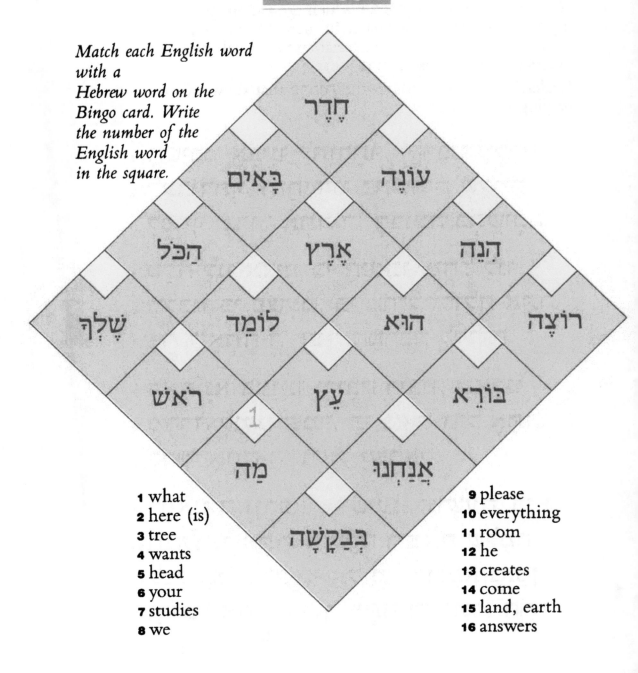

חֶדֶר
בָּאִים
עוֹנֶה
הַכֹּל
אֶרֶץ
הִנֵּה
שֶׁלְּךָ
לוֹמֵד
הוּא
רוֹצֶה
רֹאשׁ
עֵץ
בּוֹרֵא
מַה
אֲנַחְנוּ
בְּבַקָּשָׁה

1 what
2 here (is)
3 tree
4 wants
5 head
6 your
7 studies
8 we

9 please
10 everything
11 room
12 he
13 creates
14 come
15 land, earth
16 answers

Here are some of the בְּרָכוֹת which are part of the עֲמִידָה we recite on weekdays. In these בְּרָכוֹת we praise God and we ask God for material and spiritual gifts. Practice reading these בְּרָכוֹת

Underline all the words in the בְּרָכוֹת that show we are praying together.

1 הֲשִׁיבֵנוּ אָבִינוּ לְתוֹרָתֶךָ, וְקָרְבֵנוּ מַלְכֵּנוּ
2 לַעֲבוֹדָתֶךָ, וְהַחֲזִירֵנוּ בִּתְשׁוּבָה שְׁלֵמָה
3 לְפָנֶיךָ. בָּרוּךְ אַתָּה ה׳ הָרוֹצֶה בִּתְשׁוּבָה.

4 סְלַח לָנוּ אָבִינוּ כִּי חָטָאנוּ, מְחַל לָנוּ
5 מַלְכֵּנוּ כִּי פָשָׁעְנוּ, כִּי מוֹחֵל וְסוֹלֵחַ אָתָּה.
6 בָּרוּךְ אַתָּה ה׳ חַנּוּן הַמַּרְבֶּה לִסְלוֹחַ.

7 רְאֵה נָא בְעָנְיֵנוּ וְרִיבָה רִיבֵנוּ, וּגְאָלֵנוּ
8 מְהֵרָה לְמַעַן שְׁמֶךָ, כִּי גוֹאֵל חָזָק אָתָּה.
9 בָּרוּךְ אַתָּה ה׳ גוֹאֵל יִשְׂרָאֵל.

10 רְפָאֵנוּ ה׳ וְנֵרָפֵא, הוֹשִׁיעֵנוּ וְנִוָּשֵׁעָה, כִּי
11 תְהִלָּתֵנוּ אָתָּה. וְהַעֲלֵה רְפוּאָה שְׁלֵמָה
12 לְכָל מַכּוֹתֵינוּ. כִּי אֵל מֶלֶךְ רוֹפֵא נֶאֱמָן
13 וְרַחֲמָן אָתָּה. בָּרוּךְ אַתָּה ה׳ רוֹפֵא חוֹלֵי
14 עַמּוֹ יִשְׂרָאֵל.

122

Checkpoint

LESSONS 1–12

checkpoint I

Find the English word(s) that means the same as the underlined Hebrew word.

1 הַסֵּפֶר עַל הַשֻּׁלְחָן.

the pencil
the chair
the book
the morning

2 יֵשׁ עֵץ גָּדוֹל עַל-יַד הַבַּיִת.

chair
tree
door
table

3 מָה עַל הַשֻּׁלְחָן?

who
when
why
what

4 דָּוִד לוֹמֵד בְּבֵית-הַסֵּפֶר.

sits
walks
studies
stands

5 מִי בּוֹרֵא אֶת הַפֵּרוֹת?

eats
likes
wants
creates

6 יֵשׁ כִּפָּה עַל הָרֹאשׁ.

the chair
the head
the class
the room

7 הוּא בָּא לַכִּתָּה.

gets up
answers
asks
comes

8 הָאָח אוֹכֵל אֶת הַכֹּל.

everything
blessing
earth
food

9 הָעִפָּרוֹן שֶׁלְּךָ פֹּה.

your
our
my
his

10 אֲנַחְנוּ הוֹלְכִים לַגַּן.

you
they
we
she

checkpoint 2

Find the Hebrew word that gives the Hebrew sentence the same meaning as the English.

Blessed are You, God.

1 בָּרוּךְ ______ ה׳.

א. אֲנִי ג. אַתְּ

ב. הוּא ד. אַתָּה

(Who) brings forth bread from the earth.

2 הַמּוֹצִיא ______ מִן הָאָרֶץ.

א. פְּרִי ג. סֵפֶר

ב. לֶחֶם ד. עֵצִים

(Who) creates fruit of the tree.

3 ______ פְּרִי הָעֵץ.

א. בָּא ג. שׁוֹאֵל

ב. עוֹנֶה ד. בּוֹרֵא

He gives bread.

4 הוּא ______ לֶחֶם.

א. אוֹכֵל ג. בּוֹרֵא

ב. נוֹתֵן ד. אוֹמֵר

I thank You.

5 מוֹדֶה ______ לְפָנֶיךָ.

א. הוּא ג. אֲנִי

ב. אֲנַחְנוּ ד. הִיא

checkpoint 3

Find the Hebrew word that means the same as the English word.

1 blessing

א. מוֹרָה

ב. מוֹדֶה

ג. בְּרָכָה

ד. בּוֹרֵא

2 peace

א. שֻׁלְחָן

ב. יְלָדִים

ג. כֵּן

ד. שָׁלוֹם

3 thanks

א. תּוֹדָה

ב. כִּתָּה

ג. קְטַנָּה

ד. אֵיפֹה

4 earth

א. עֵץ

ב. אֶרֶץ

ג. גַּן

ד. עֵצִים

5 who

א. אֵיפֹה

ב. לֹא

ג. מִי

ד. מַה

CONCLUSION

A secret message is hidden. Can you find It?

א מ ז ר ל   שׁ ט וֹ ת ב ח

1 Cross out the א

2 Cross out the שׁ

3 Cross out the ח

4 Cross out the ר

5 Cross out the ת

Write the remaining letters here to see the secret message.

! ___ ___ ___   ___ ___ ___

These two Hebrew words mean "Congratulations!"

You have finished this book and you deserve congratulations.

מַזָל טוֹב!

It is time to recite a blessing. We began this book with the שֶׁהֶחֱיָנוּ blessing and we will end with the same בְּרָכָה.

בָּרוּךְ אַתָּה ה׳ אֱלֹהֵינוּ מֶלֶךְ הָעוֹלָם
שֶׁהֶחֱיָנוּ וְקִיְּמָנוּ וְהִגִּיעָנוּ לַזְּמַן הַזֶּה.
אָמֵן!

WORD LIST

אַבָּא (אָב) father
אָח, אָחוֹת brother, sister
(אכל) eat
אִמָּא (אֵם) mother
(אמר) say
אֲנַחְנוּ we
אֲנִי I
אֵיפֹה where (is)
אֶרֶץ land, earth
אַתָּה, אַתְּ you

בְּ, בַּ in, in the
בְּבַקָּשָׁה please
(בוא) come
בַּיִת house
בֵּית-כְּנֶסֶת synagogue
בֵּית-סֵפֶר school
בֹּקֶר morning
(ברא) create
בְּרָכָה blessing

גָּדוֹל big, great
גַּם also
גַּן garden
דֶּלֶת door

ה׳ God
הַ the
הוּא, הִיא he, she
הַיּוֹם today
הַכֹּל everything
(הלכ) walk, go
הִנֵּה here (is)

וְ, וּ and

חֶדֶר room

יֶלֶד, יַלְדָּה boy, girl
יְלָדִים children
יְרוּשָׁלַיִם Jerusalem
יֵשׁ there is (are)
(ישב) sit, live, dwell
יִשְׂרָאֵל Israel

עַל	on
עַל-יַד	near, next to
(עמד)	stand
(ענה)	answer
עִפָּרוֹן	pencil
עֵץ, עֵצִים	tree, trees
פֹּה	here
פְּרִי, פֵּרוֹת	fruit, fruits
(קומ)	gets up
קָטָן	small, little
רֹאשׁ	head
(רצה)	want
(שאל)	ask
שַׁבָּת	Shabbat
שֶׁל	(of) belonging to
שָׁלוֹם	hello, goodbye, peace
שֻׁלְחָן	table
שֶׁלִּי	my, mine
שֶׁלְּךָ, שֶׁלָּךְ	your, yours
שֹׁרֶשׁ	root
תּוֹדָה	thanks
תּוֹרָה	Torah

כֵּן	yes
כִּסֵּא	chair
כִּפָּה	skullcap
כִּתָּה	classroom
לְ, לַ	to, to the
לֹא	no
לֶחֶם	bread
(למד)	study, learn
לָמָּה	why
מַה, מָה	what
מוֹרֶה, מוֹרָה	teacher
מִי	who
מֶלֶךְ	king
(נתנ)	give
סַבָּא, סַבְתָּא	grandfather, grandmother
סִדּוּר	siddur
סֻכָּה	sukkah, hut
סֵפֶר	book